GUY DE MAUPASSANT

# Le Colporteur

PARIS
SOCIÉTÉ D'ÉDITIONS LITTÉRAIRES ET ARTISTIQUES
LIBRAIRIE PAUL OLLENDORFF
50, CHAUSSÉE D'ANTIN, 50

1900
Tous droits réservés.

**SOCIÉTÉ D'ÉDITIONS LITTÉRAIRES ET ARTISTIQUES**
LIBRAIRIE PAUL OLLENDORFF
50, Chaussée d'Antin, Paris

## ŒUVRES DE GUY DE MAUPASSANT

Collection à 3 fr. 50 le vol.

### ROMANS

Bel-Ami. Édition illustrée . . . . . . . . . . . . . . . 1 vol.
Pierre et Jean . . . . . . . . . . . . . . . . . . . . . . . . 1 vol.
Fort comme la Mort . . . . . . . . . . . . . . . . . . 1 vol.
Notre Cœur . . . . . . . . . . . . . . . . . . . . . . . . . 1 vol.
Une Vie . . . . . . . . . . . . . . . . . . . . . . . . . . . . . 1 vol.
Mont-Oriol . . . . . . . . . . . . . . . . . . . . . . . . . . 1 vol.

### NOUVELLES

La Maison Tellier. Édition illustrée . . . . . . 1 vol.
Clair de Lune . . . . . . . . . . . . . . . . . . . . . . . . 1 vol.
Le Horla . . . . . . . . . . . . . . . . . . . . . . . . . . . . 1 vol.
La Main Gauche . . . . . . . . . . . . . . . . . . . . . 1 vol.
Monsieur Parent . . . . . . . . . . . . . . . . . . . . . 1 vol.
Les Sœurs Rondoli . . . . . . . . . . . . . . . . . . . 1 vol.
Mademoiselle Fifi . . . . . . . . . . . . . . . . . . . . 1 vol.
Miss Hariet . . . . . . . . . . . . . . . . . . . . . . . . . . 1 vol.
Yvette . . . . . . . . . . . . . . . . . . . . . . . . . . . . . . 1 vol.
La Petite Roque . . . . . . . . . . . . . . . . . . . . . 1 vol.
Contes de la Bécasse . . . . . . . . . . . . . . . . . 1 vol.
L'Inutile Beauté . . . . . . . . . . . . . . . . . . . . . . 1 vol.
Le Père Milon . . . . . . . . . . . . . . . . . . . . . . . 1 vol.

### VOYAGES

La Vie Errante (avec une couverture illustrée
   par Riou) . . . . . . . . . . . . . . . . . . . . . . . . . 1 vol.
Au Soleil . . . . . . . . . . . . . . . . . . . . . . . . . . . . 1 vol.
Sur l'Eau . . . . . . . . . . . . . . . . . . . . . . . . . . . . 1 vol.

### THÉATRE

Musotte (en collaboration avec Jacques Normand) 1 vol.
La Paix du Ménage . . . . . . . . . . . . . . . . . . . 1 vol.
Histoire du Vieux Temps . . . . . . . . . . . . . . 1 vol.

### POÉSIE

Des Vers, avec un portrait de Guy de Maupassant
   gravé à l'eau-forte par Le Rat . . . . . . . . . 1 vol.

ÉVREUX, IMPRIMERIE DE CHARLES HÉRISSEY

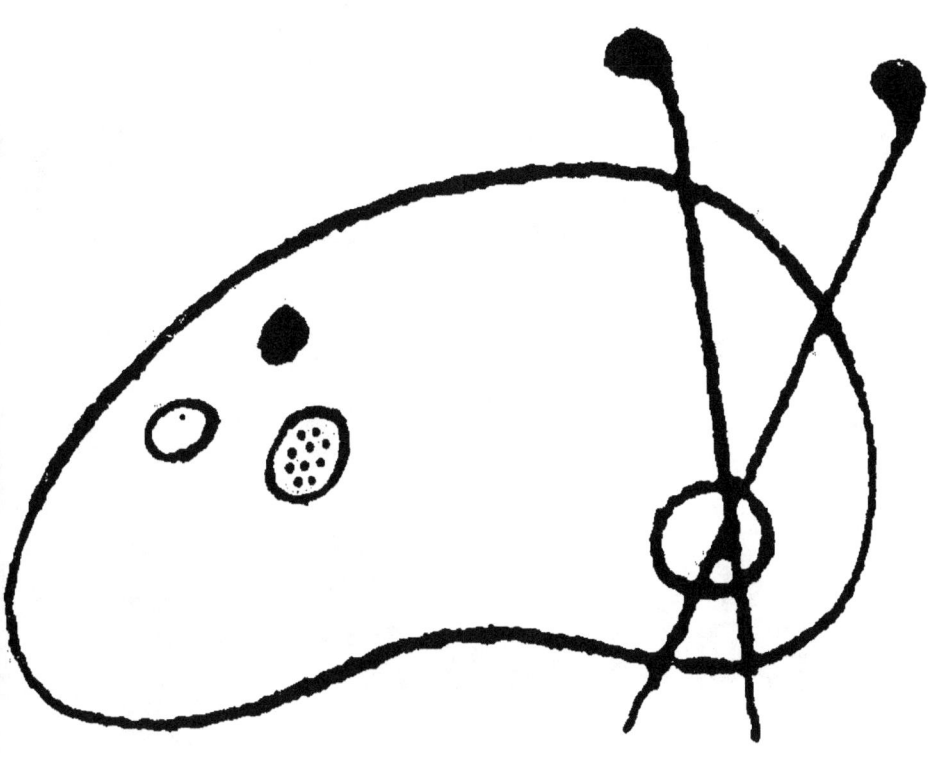

Fin d'une série de documents en couleur

# LE
# COLPORTEUR

# ŒUVRES DE GUY DE MAUPASSANT

Collection à 3 fr. 50 le vol.

## ROMANS

| | |
|---|---|
| Bel-Ami. Édition illustrée | 1 vol. |
| Pierre et Jean | 1 vol. |
| Fort comme la Mort | 1 vol. |
| Notre Cœur | 1 vol. |
| Une Vie | 1 vol. |
| Mont-Oriol | 1 vol. |

## NOUVELLES

| | |
|---|---|
| La Maison Tellier. Édition illustrée | 1 vol. |
| Clair de Lune | 1 vol. |
| Le Horla | 1 vol. |
| La Main Gauche | 1 vol. |
| Monsieur Parent | 1 vol. |
| Les Sœurs Rondoli | 1 vol. |
| Mademoiselle Fifi | 1 vol. |
| Miss Hariet | 1 vol. |
| Yvette | 1 vol. |
| La Petite Roque | 1 vol. |
| Contes de la Bécasse | 1 vol. |
| L'Inutile Beauté | 1 vol. |
| Le Père Milon | 1 vol. |

## VOYAGES

| | |
|---|---|
| La Vie Errante (avec une couverture illustrée par Riou) | 1 vol. |
| Au Soleil | 1 vol. |
| Sur l'Eau | 1 vol. |

## THÉATRE

| | |
|---|---|
| Musotte (en collaboration avec JACQUES NORMAND) | 1 vol. |
| La Paix du Ménage | 1 vol. |
| Histoire du Vieux Temps | 1 vol. |

## POÉSIE

| | |
|---|---|
| Des Vers, avec un portrait de GUY DE MAUPASSANT gravé à l'eau-forte par LE RAT | 1 vol. |

---

Tous droits de traduction et de reproduction réservés pour tous les pays, y compris la Suède, la Norvège, la Hollande et le Danemark.

S'adresser, pour traiter, à la librairie PAUL OLLENDORFF, 50, Chaussée d'Antin, Paris.

GUY DE MAUPASSANT

# Le Colporteur

PARIS
SOCIÉTÉ D'ÉDITIONS LITTÉRAIRES ET ARTISTIQUES
LIBRAIRIE PAUL OLLENDORFF
50, CHAUSSÉE D'ANTIN, 50

1900
Tous droits réservés.

IL A ÉTÉ TIRÉ A PART

5 exemplaires sur papier du Japon numérotés de 1 à 5
15      —          — de Chine    —    de 6 à 20
100     —          — de Hollande —    de 21 à 120

# LE COLPORTEUR

Combien de courts souvenirs, de petites choses, de rencontres, d'humbles drames aperçus, devinés, soupçonnés sont, pour notre esprit jeune et ignorant encore, des espèces de fils qui le conduisent peu à peu vers la connaissance de la désolante vérité.

A tout instant, quand je retourne en arrière pendant les longues songeries vagabondes qui me distraient sur les routes où je flâne, au hasard, l'âme envolée, je retrouve tout à coup de petits faits anciens, gais ou sinistres qui partent devant ma rêverie comme devant mes pas les oiseaux des buissons.

J'errais cet été sur un chemin savoyard qui domine la rive droite du lac du Bourget, et le regard flottant sur cette masse d'eau miroitante et bleue d'un bleu unique, pâle, enduit de lueurs glissantes par le soleil déclinant, je sentais en mon cœur remuer cette tendresse que j'ai depuis l'enfance pour la surface des lacs, des fleuves et de la mer. Sur l'autre bord de la vaste plaque liquide, si étendue qu'on n'en voyait point les bouts, l'un se perdant vers le Rhône et l'autre vers le Bourget, s'élevait la haute montagne dentelée comme une crête jusqu'à la dernière cime de la Dent-du-Chat. Des deux côtés de la route des vignes courant d'arbre en arbre étouffaient sous leurs feuilles les branches frêles de leurs soutiens et elles se développaient en guirlandes à travers les champs, en guirlandes vertes, jaunes et rouges, festonnant d'un tronc à l'autre et tachées de grappes de raisin noir.

La route était déserte, blanche et poudreuse. Tout à coup un homme sortit du bosquet de grands arbres qui enferme le village de Saint-Innocent, et pliant sous un fardeau, il venait vers moi appuyé sur une canne.

Quand il fut plus près je reconnus que c'était un colporteur, un de ces marchands ambulants qui vendent par les campagnes, de porte en porte, de petits objets à bon marché, et voilà que surgit dans ma pensée un très ancien souvenir, presque rien, celui d'une rencontre faite une nuit, entre Argenteuil et Paris, alors que j'avais vingt-cinq ans.

Tout le bonheur de ma vie, à cette époque, consistait à canoter. J'avais une chambre chez un gargotier d'Argenteuil et, chaque soir, je prenais le train des bureaucrates, ce long train, lent, qui va, déposant, de gare en gare, une foule d'hommes à petits paquets, bedonnants et lourds, car ils ne marchent guère, et mal culottés, car la chaise administrative déforme les pantalons. Ce train, où je croyais retrouver une odeur de bureau, de cartons verts et de papiers classés, me déposait à Argenteuil. Ma yole m'attendait, toute prête à courir sur l'eau. Et j'allais dîner à grands coups d'aviron, soit à Bezons, soit à Chatou, soit à Epinay, soit à Saint-Ouen. Puis je rentrais, je remisais mon bateau et je repartais pour Paris à pied, quand j'avais la lune sur la tête.

Donc, une nuit sur la route blanche, j'aperçus devant moi un homme qui marchait. Oh! presque chaque fois j'en rencontrais de ces voyageurs de nuit de la banlieue parisienne que redoutent tant les bourgeois attardés. Cet homme allait devant moi lentement sous un lourd fardeau.

J'arrivais droit sur lui, d'un pas très rapide qui sonnait sur la route. Il s'arrêta, se retourna; puis, comme j'approchais toujours, il traversa la chaussée, gagnant l'autre bord du chemin.

Alors que je le dépassais vivement, il me cria :

— Hé, bonsoir, monsieur.

Je répondis :

— Bonsoir, compagnon.

Il reprit :

— Vous allez loin comme ça ?

— Je vais à Paris.

— Vous ne serez pas long, vous marchez

bien. Moi, j'ai le dos trop chargé pour aller vite.

J'avais ralenti le pas.

Pourquoi cet homme me parlait-il ? Que transportait-il dans ce gros paquet ? De vagues soupçons de crime me frôlèrent l'esprit et me rendirent curieux. Les faits divers des journaux en racontent tant, chaque matin, accomplis dans cet endroit même, la presqu'île de Gennevilliers, que quelques-uns devaient être vrais. On n'invente pas ainsi, rien que pour amuser les lecteurs, toute cette litanie d'arrestations et de méfaits variés dont sont pleines les colonnes confiées aux reporters.

Pourtant la voix de cet homme semblait plutôt craintive que hardie, et son allure avait été jusque-là bien plus prudente qu'agressive.

Je lui demandai à mon tour :

— Vous allez loin, vous ?

— Pas plus loin qu'Asnières.

— C'est votre pays Asnières ?

— Oui, monsieur, je suis colporteur de profession et j'habite Asnières.

Il avait quitté la contre-allée, où cheminent dans le jour les piétons, à l'ombre des arbres, et il se rapprochait du milieu de la route. J'en fis autant. Nous nous regardions toujours d'un œil suspect, tenant nos cannes dans nos mains. Quand je fus assez près de lui, je me rassurai tout à fait. Lui aussi, sans doute, car il me demanda :

— Ça ne vous ferait rien d'aller un peu moins vite ?

— Pourquoi ça ?

— Parce que je n'aime pas cette route-là dans la nuit. J'ai des marchandises sur le dos, moi ; et c'est toujours mieux d'être deux qu'un. On n'attaque pas souvent deux hommes qui sont ensemble.

Je sentis qu'il disait vrai et qu'il avait peur. Je me prêtai donc à son désir, et nous voilà marchant côte à côte, cet inconnu et moi, à une heure du matin, sur le chemin qui va d'Argenteuil à Asnières.

— Comment rentrez-vous si tard, ayant des risques à courir, demandai-je à mon voisin ?

Il me conta son histoire.

Il ne pensait pas rentrer ce soir-là, ayant emporté sur son dos, le matin même, de la pacotille pour trois ou quatre jours.

Mais la vente avait été fort bonne, si bonne qu'il se vit contraint de retourner chez lui tout de suite afin de livrer le lendemain beaucoup de choses achetées sur parole.

Il expliqua, avec une vraie satisfaction,

qu'il faisait fort bien l'article, ayant une disposition particulière pour dire les choses, et que ce qu'il montrait de ses bibelots lui servait surtout à placer, en bavardant, ce qu'il ne pouvait emporter facilement.

Il ajouta :

— J'ai une boutique à Asnières. C'est ma femme qui la tient.

— Ah ! vous êtes marié ?

— Oui, m'sieu, depuis quinze mois. J'en ai trouvé une gentille de femme. Elle va être surprise de me voir revenir cette nuit.

Il me conta son mariage. Il voulait cette fillette depuis deux ans, mais elle avait mis du temps à se décider.

Elle tenait depuis son enfance une petite boutique au coin d'une rue, où elle vendait de tout : des rubans, des fleurs en été et principalement des boucles de bottines très jolies, et plusieurs autres bibelots dont elle avait la spécialité, par faveur d'un fabricant. On la connaissait bien dans Asnières, la Bleuette. On l'appelait ainsi parce qu'elle portait souvent des robes bleues. Et elle gagnait de l'argent, étant fort adroite à tout ce qu'elle faisait. Elle lui semblait malade en ce moment. Il la croyait grosse, mais il n'en était pas sûr. Leur commerce allait bien ; et il voyageait surtout, lui, pour montrer des échantillons à tous les petits commerçants des localités voisines ; il devenait une espèce de commissionnaire voyageur pour certains industriels, et il travaillait en même temps pour eux et pour lui-même.

— Et vous, qu'est-ce que vous êtes ? dit-il.

Je fis des embarras. Je racontai que je possédais à Argenteuil un bateau à voiles et deux yoles de course. Je venais m'exercer tous les soirs à l'aviron, et aimant l'exercice, je revenais quelquefois à Paris, où j'avais une profession que je laissai deviner lucrative.

Il reprit :

— Cristi, si j'avais des monacos comme vous, c'est moi qui ne m'amuserais pas à courir les routes comme ça la nuit. Ça n'est pas sûr par ici.

Il me regardait de côté et je me demandais si ce n'était pas tout de même un malfaiteur très malin qui ne voulait pas courir de risque inutile.

Puis il me rassura en murmurant :

— Un peu moins vite, s'il vous plaît. C'est lourd, mon paquet.

Les premières maisons d'Asnières apparaissaient.

— Me voilà presque arrivé, dit-il, nous

ne couchons pas à la boutique : elle est gardée la nuit par un chien, mais un chien qui vaut quatre hommes. Et puis les logements sont trop chers dans le cœur de la ville. Mais écoutez-moi, monsieur, vous m'avez rendu un fier service, car je n'ai pas le cœur tranquille, moi, sur les routes avec mon sac. Eh bien, vrai, vous allez monter chez moi boire un vin chaud avec ma femme, si elle se réveille, car elle a le sommeil dur, et elle n'aime pas ça, qu'on la réveille. Puis, sans mon sac je ne crains plus rien, je vous reconduis aux portes de la ville avec mon gourdin.

Je refusai, il insista, je m'obstinai, il s'acharna avec une telle peine, un tel désespoir sincère, une telle expression de regret, car il ne s'exprimait pas mal, me demandant d'un air blessé « si c'était que je ne voulais pas boire avec un homme comme lui », que je finis par céder et le suivis par un chemin désert vers une de ces grandes maisons délabrées qui forment la banlieue des banlieues.

Devant ce logis j'hésitai. Cette haute baraque de plâtre avait l'air d'un repaire de vagabonds, d'une caserne de brigands suburbains. Mais il me fit passer le premier en poussant la porte qui n'était point fermée. Il me pilota par les épaules, dans une obscurité profonde, vers un escalier que je cherchais des pieds et des mains, avec la peur légitime de tomber dans un trou de cave.

Quand j'eus rencontré la première marche, il me dit : « Montez, c'est au sixième. »

En fouillant dans ma poche, j'y découvris une boîte d'allumettes-bougies, et j'éclairai cette ascension. Il me suivait en soufflant sous son sac, répétant : « C'est haut ! c'est haut ! »

Quand nous fûmes au sommet de la maison, il chercha sa clef, attachée avec une ficelle dans l'intérieur de son vêtement, puis il ouvrit sa porte et me fit entrer.

C'était une chambre peinte à la chaux, avec une table au milieu, six chaises et une armoire de cuisine contre les murs.

— Je vais réveiller ma femme, dit-il, puis je descendrai à la cave chercher du vin; il ne se garde pas ici.

Il s'approcha d'une des deux portes qui donnaient dans cette première pièce et il appela : « Bluette ! Bluette ! » Bluette ne répondit pas. Il cria plus fort : « Bluette ! Bluette ! » Puis, tapant sur la planche à coups de poing, il murmura : « Te réveilleras-tu, nom d'un nom ! »

Il attendit, colla son oreille à la serrure et reprit, calme : « Bah ! faut la laisser dormir si elle dort. Je vas chercher le vin, attendez-moi deux minutes. »

Il sortit. Je m'assis résigné.

Qu'étais-je venu faire là ? Soudain, je tressaillis. Car on parlait bas, on remuait doucement, presque sans bruit, dans la chambre de la femme.

Diable ! N'étais-je pas tombé dans un guet-apens ? Comment ne s'était-elle pas réveillée, cette Bluette, au bruit qu'avait fait son mari, aux coups qu'il avait frappés sur la porte ? N'était-ce pas un signal pour dire aux complices : — « Il y a un pante dans la boîte. Je vas garder la sortie. Affaire à vous. » Certes, on s'agitait de plus en plus, on toucha la serrure ; on fit tourner la clef. Mon cœur battait. Je me reculai jusqu'au fond de l'appartement en me disant : « Allons défendons-nous ! » et saisissant une chaise de bois à deux mains par le dossier, je me préparai à une lutte énergique.

La porte s'entr'ouvrit, une main parut qui la maintenait entre-bâillée, puis une tête, une tête d'homme coiffée d'un chapeau de feutre rond se glissa entre le battant et le mur, et je vis deux yeux qui me regardaient. Puis, si vite que je n'eus pas le temps de faire un mouvement de défense, l'individu, le malfaiteur présumé, un grand gars, nu-pieds, vêtu à la hâte, sans cravate, ses souliers à la main, un beau gars, ma foi, un demi-monsieur, bondit vers la sortie et disparut dans l'escalier.

Je me rassis, l'aventure devenait amusante. Et j'attendis le mari qui fut longtemps à trouver son vin. Je l'entendis enfin qui montait l'escalier et le bruit de ses pas me fit rire, d'un de ces rires solitaires qui sont si durs à comprimer.

Il entra, portant deux bouteilles, puis me demanda :

— Ma femme dort toujours. Vous ne l'avez pas entendue remuer ?

Je devinai l'oreille collée contre la porte, et je dis :

— Non, pas du tout.

Il appela de nouveau :

— Pauline.

Elle ne répondit rien, ne remua pas. Il revint à moi, s'expliquant :

— Voyez-vous, c'est qu'elle n'aime pas ça quand je reviens dans la nuit boire un coup avec un ami.

— Alors, vous croyez qu'elle ne dort pas ?

— Pour sûr, qu'elle ne dort plus.

Il avait l'air mécontent.

— Eh bien ! trinquons, dit-il.

Et il manifesta tout de suite l'intention

de vider les deux bouteilles, l'une après l'autre, là, tout doucement.

Je fus énergique, cette fois. Je bus un verre, puis je me levai. Il ne parlait plus de m'accompagner, et regardant avec un air dur, un air d'homme du peuple fâché, un air de brute en qui la violence dort, la porte de sa femme, il murmura :

— Faudra bien qu'elle ouvre quand vous serez parti.

Je le contemplais, ce poltron devenu furieux sans savoir pourquoi, peut-être par un obscur pressentiment, un instinct de mâle trompé qui n'aime pas les portes fermées. Il m'avait parlé d'elle avec tendresse; maintenant il allait la battre assurément.

Il cria encore une fois en secouant la serrure :

— Pauline !

Une voix qui semblait s'éveiller, répondit derrière la cloison :

— Hein, quoi ?

— Tu m'as pas entendu rentrer ?

— Non, je dormais, fiche-moi la paix.

— Ouvre ta porte.

— Quand tu seras seul. J'aime pas que tu amènes des hommes pour boire dans la maison la nuit.

Alors je m'en allai, trébuchant dans l'escalier, comme l'autre était parti, dont je fus le complice. Et en me remettant en route vers Paris, je songeai que je venais de voir dans ce taudis une scène de l'éternel drame qui se joue tous les jours, sous toutes les formes, dans tous les mondes.

———

# AUPRÈS D'UN MORT

Il s'en allait mourant, comme meurent les poitrinaires. Je le voyais chaque jour s'asseoir, vers deux heures, sous les fenêtres de l'hôtel, en face de la mer tranquille, sur un banc de la promenade. Il restait quelque temps immobile dans la chaleur du soleil, contemplant d'un œil morne la Méditerranée. Parfois il jetait un regard sur la haute montagne aux sommets vaporeux, qui enferme Menton; puis il croisait, d'un mouvement très lent, ses longues jambes, si maigres qu'elles semblaient deux os, autour desquels flottait le drap du pantalon, et il ouvrait un livre, toujours le même.

Alors il ne remuait plus, il lisait, il lisait de l'œil et de la pensée ; tout son pauvre corps expirant semblait lire, toute son âme s'enfonçait, se perdait, disparaissait dans ce livre jusqu'à l'heure où l'air rafraîchi le faisait un peu tousser. Alors il se levait et rentrait.

C'était un grand Allemand à barbe blonde, qui déjeunait et dînait dans sa chambre, et ne parlait à personne.

Une vague curiosité m'attira vers lui. Je m'assis un jour à son côté, ayant pris aussi, pour me donner une contenance, un volume des poésies de Musset.

Et je me mis à parcourir *Rolla*.

Mon voisin me dit tout à coup, en bon français :

— Savez-vous l'allemand, monsieur ?

— Nullement, monsieur.

— Je le regrette. Puisque le hasard nous met côte à côte, je vous aurais prêté, je vous aurais fait voir une chose inestimable : ce livre que je tiens là.

— Qu'est-ce donc ?

— C'est un exemplaire de mon maître Schopenhauer, annoté de sa main. Toutes les marges, comme vous le voyez, sont couvertes de son écriture.

Je pris le livre avec respect et je contemplai ces formes incompréhensibles pour moi, mais qui révélaient l'immortelle pensée du plus grand saccageur de rêves qui ait passé sur la terre.

\*
\* \*

Et les vers de Musset éclatèrent dans ma mémoire :

Dors-tu content, Voltaire, et ton hideux sourire
Voltige-t-il encor sur tes os décharnés ?

Et je comparais involontairement le sarcasme enfantin, le sarcasme religieux de Voltaire à l'irrésistible ironie du philosophe allemand dont l'influence est désormais ineffaçable.

Qu'on proteste et qu'on se fâche, qu'on s'indigne ou qu'on s'exalte, Schopenhauer a marqué l'humanité du sceau de son dédain et de son désenchantement.

Jouisseur désabusé, il a renversé les croyances, les espoirs, les poésies, les chimères, détruit les aspirations, ravagé la confiance des âmes, tué l'amour, abattu le culte idéal de la femme, crevé les illusions des cœurs, accompli la plus gigantesque besogne de sceptique qui ait jamais été faite. Il a tout traversé de sa moquerie, et tout vidé. Et aujourd'hui même, ceux qui l'exècrent semblent porter, malgré eux, en leurs esprits, des parcelles de sa pensée.

— Vous avez donc connu particulièrement Schopenhauer ? dis-je à l'Allemand.

Il sourit tristement.

— Jusqu'à sa mort, monsieur.

Et il me parla de lui, il me raconta l'impression presque surnaturelle que faisait cet être étrange à tous ceux qui l'approchaient.

Il me dit l'entrevue du vieux démolisseur avec un politicien français, républicain doctrinaire, qui voulut voir cet homme et le trouva dans une brasserie tumultueuse, assis au milieu de disciples, sec, ridé, riant d'un inoubliable rire, mordant et déchirant les idées et les croyances d'une seule parole, comme un chien d'un coup de dents déchire les tissus avec lesquels il joue.

Il me répéta le mot de ce Français, s'en allant effaré, épouvanté et s'écriant :

« J'ai cru passer une heure avec le diable. »

Puis il ajouta :

— Il avait en effet, monsieur, un effrayant sourire qui nous fit peur, même après sa mort. C'est une anecdote presque inconnue que je peux vous conter si elle vous intéresse.

\* \*
\*

Et il commença, d'une voix fatiguée, que des quintes de toux interrompaient par moments :

— Schopenhauer venait de mourir, et il fut décidé que nous le veillerions tour à tour, deux par deux, jusqu'au matin.

Il était couché dans une grande chambre très simple, vaste et sombre. Deux bougies brûlaient sur la table de nuit.

C'est à minuit que je pris la garde, avec un de nos camarades. Les deux amis que nous remplacions sortirent, et nous vînmes nous asseoir au pied du lit.

La figure n'était point changée. Elle riait. Ce pli que nous connaissions si bien se creusait aux coins des lèvres, et il nous semblait qu'il allait ouvrir les yeux, remuer, parler. Sa pensée ou plutôt ses pensées nous enveloppaient ; nous nous sentions plus que jamais dans l'amosphère de son génie, envahis, possédés par lui. Sa domination nous semblait même plus souveraine maintenant qu'il était mort. Un mystère se mêlait à la puissance de cet incomparable esprit.

Le corps de ces hommes-là disparaît, mais ils restent, eux ; et, dans la nuit qui suit l'arrêt de leur cœur, je vous assure, monsieur, qu'ils sont effrayants.

Et, tout bas, nous parlions de lui, nous rappelant des paroles, des formules, ces surprenantes maximes qui semblent des lumières jetées, par quelques mots, dans les ténèbres de la Vie inconnue.

— Il me semble qu'il va parler, dit mon camarade. Et nous regardions, avec une inquiétude touchant à la peur, le visage immobile et riant toujours.

Peu à peu nous nous sentions mal à l'aise, oppressés, défaillants. Je balbutiai :

— Je ne sais pas ce que j'ai, mais je t'assure que je suis malade.

Et nous nous aperçûmes alors que le cadavre sentait mauvais.

Alors mon compagnon me proposa de passer dans la chambre voisine, en laissant la porte ouverte ; et j'acceptai.

Je pris une des bougies qui brûlaient sur la table de nuit et je laissai la seconde, et nous allâmes nous asseoir à l'autre bout de l'autre pièce, de façon à voir de notre place le lit et le mort, en pleine lumière.

Mais il nous obsédait toujours; on eût dit que son être immatériel, dégagé, libre, tout-puissant et dominateur, rôdait autour de nous. Et parfois aussi l'odeur infâme du corps décomposé nous arrivait, nous pénétrait, écœurante et vague.

Tout à coup, un frisson nous passa dans les os : un bruit, un petit bruit était venu de la chambre du mort. Nos regards furent aussitôt sur lui, et nous vîmes, oui, monsieur, nous vîmes parfaitement, l'un et l'autre, quelque chose de blanc courir sur le lit, tomber à terre sur le tapis, et disparaître sous un fauteuil.

Nous fûmes debout avant d'avoir eu le temps de penser à rien, fous d'une terreur stupide, prêts à fuir. Puis nous nous sommes regardés. Nous étions horriblement pâles. Nos cœurs battaient à soulever le drap de nos habits. Je parlai le premier.

— Tu as vu ?...

— Oui, j'ai vu.

— Est-ce qu'il n'est pas mort ?

— Mais puisqu'il entre en putréfaction ?

— Qu'allons-nous faire ?

Mon compagnon prononça en hésitant :

— Il faut aller voir.

Je pris notre bougie, et j'entrai le premier, fouillant de l'œil toute la grande pièce aux coins noirs. Rien ne remuait plus ; et je m'approchai du lit. Mais je demeurai saisi de stupeur et d'épouvante : Schopenhauer ne riait plus ! Il grimaçait d'une horrible façon, la bouche serrée, les joues creusées profondément. Je balbutiai :

— Il n'est pas mort !

Mais l'odeur épouvantable me montait au nez, me suffoquait. Et je ne remuais plus, le regardant fixement, effaré comme devant une apparition.

Alors mon compagnon, ayant pris l'autre bougie, se pencha. Puis il me toucha le bras sans dire un mot. Je suivis son regard, et j'aperçus à terre, sous le fauteuil à côté du lit, tout blanc sur le sombre tapis, ouvert comme pour mordre, le râtelier de Schopenhauer.

Le travail de la décomposition, desserrant les mâchoires, l'avait fait jaillir de la bouche.

J'ai eu vraiment peur ce jour-là, monsieur.

Et, comme le soleil s'approchait de la mer étincelante, l'Allemand phtisique se leva, me salua, et regagna l'hôtel.

# LA SERRE

M. et M^me Lerebour avaient le même âge. Mais monsieur paraissait plus jeune, bien qu'il fût le plus affaibli des deux. Ils vivaient près de Mantes dans une jolie campagne qu'ils avaient créée après fortune faite en vendant des rouenneries.

La maison était entourée d'un beau jardin contenant basse-cour, kiosques chinois et une petite serre tout au bout de la propriété. M. Lerebour était court, rond et jovial, d'une jovialité de boutiquier bon vivant. Sa femme maigre, volontaire et toujours mécontente, n'était point parvenue à vaincre la bonne humeur de son mari. Elle se teignait les cheveux, lisait parfois des romans qui lui faisaient passer des rêves dans l'âme, bien qu'elle affectât de mépriser ces sortes d'écrits. On la déclarait passionnée sans qu'elle eût jamais rien fait pour autoriser cette opinion. Mais son époux disait parfois : « Ma femme, c'est une gaillarde ! » avec un certain air entendu qui éveillait des suppositions.

Depuis quelques années cependant elle se montrait agressive avec M. Lerebour, toujours irritée et dure, comme si un chagrin secret et inavouable l'eût torturée. Une sorte de mésintelligence en résulta. Ils ne se parlaient plus qu'à peine, et madame, qui s'appelait Palmyre, accablait sans cesse monsieur, qui s'appelait Gustave, de compliments désobligeants, d'allusions blessantes, de paroles acerbes, sans raison apparente.

Il courbait le dos, ennuyé mais gai quand même, doué d'un tel fond de contentement qu'il prenait son parti de ces tracasseries intimes. Il se demandait cependant quelle cause inconnue pouvait aigrir ainsi de plus en plus sa compagne, car il sentait bien que son irritation avait une raison cachée, mais si difficile à pénétrer qu'il y perdait ses efforts.

Il lui demandait souvent : « Voyons, ma bonne, dis-moi ce que tu as contre moi ? Je sens que tu me dissimules quelque chose. »

Elle répondait invariablement : « Mais je n'ai rien, absolument rien. D'ailleurs si j'avais quelque sujet de mécontentement, ce serait à toi de le deviner. Je n'aime pas les hommes qui ne comprennent rien, qui sont tellement mous et incapables qu'il faut venir à leur aide pour qu'ils saisissent la moindre des choses. »

Il murmurait découragé : « Je vois bien que tu ne veux rien dire. »

Et il s'éloignait en cherchant le mystère.

Les nuits surtout devenaient très pénibles pour lui; car ils partageaient toujours le même lit, comme on fait dans les bons et simples ménages. Il n'était point alors de vexations dont elle n'usât à son égard. Elle choisissait le moment où ils étaient étendus côte à côte pour l'accabler de ses railleries les plus vives. Elle lui reprochait principalement d'engraisser : « Tu tiens toute la place, tant tu deviens gros. Et tu me sues dans le dos comme du lard fondu. Si tu crois que cela m'est agréable ! »

Elle le forçait à se relever sous le moindre prétexte, l'envoyant chercher en bas un journal qu'elle avait oublié, ou la bouteille d'eau de fleur d'oranger qu'il ne trouvait pas, car elle l'avait cachée. Et elle s'écriait d'un ton furieux et sarcastique : « Tu devrais pourtant savoir où on trouve ça, grand nigaud ! » Lorsqu'il avait erré pendant une heure dans la maison endormie et qu'il remontait les mains vides elle lui disait pour tout remerciement : « Allons, recouche-toi, ça te fera maigrir de te promener un peu, tu deviens flasque comme une éponge. »

Elle le réveillait à tout moment en affirmant qu'elle souffrait de crampes d'estomac et exigeait qu'il lui frictionnât le ventre avec de la flanelle imbibée d'eau de Cologne. Il s'efforçait de la guérir, désolé de la voir malade ; et il proposait d'aller réveiller Céleste, leur bonne. Alors elle se fâchait tout à fait, criant : « Faut-il qu'il soit bête, ce dindon-là. Allons ! c'est fini, je n'ai plus mal, rendors-toi, grande chiffe. »

Il demandait : « C'est bien sûr que tu ne souffres plus ? »

Elle lui jetait durement dans la figure : « Oui, tais-toi, laisse-moi dormir. Ne m'embête pas davantage. Tu es incapable de rien faire, même de frictionner une femme. »

Il se désespérait : « Mais... ma chérie... »

Elle s'exaspérait : « Pas de mais... Assez, n'est-ce pas. Fiche-moi la paix, maintenant... »

Et elle se tournait vers le mur.

Or une nuit, elle le secoua si brusquement, qu'il fit un bond de peur et se trouva sur son séant avec une rapidité qui ne lui était pas habituelle.

Il balbutia : « Quoi ?... Qu'y a-t-il ?... »

Elle le tenait par le bras et le pinçait à le faire crier. Elle lui souffla dans l'oreille : « J'ai entendu du bruit dans la maison. »

Accoutumé aux fréquentes alertes de

Mme Lerebour, il ne s'inquiéta pas outre mesure, et demanda tranquillement : « Quel bruit, ma chérie ? »

Elle tremblait, comme affolée, et répondit : « Du bruit.., mais du bruit... des bruits de pas... Il y a quelqu'un. »

Il demeurait incrédule : « Quelqu'un ? Tu crois ? Mais non ; tu dois te tromper. Qui veux-tu que ce soit d'ailleurs ? »

Elle frémissait : « Qui ?... qui ?... Mais des voleurs, imbécile ! »

Il se renfonça doucement dans ses draps : « Mais non, ma chérie, il n'y a personne, tu as rêvé, sans doute. »

Alors, elle rejeta la couverture, et, sautant du lit, exaspérée : « Mais tu es donc aussi lâche qu'incapable ! Dans tous les cas, je ne me laisserai pas massacrer grâce à ta pusillanimité. »

Et saisissant les pinces de la cheminée,

elle se porta debout, devant la porte verrouillée, dans une attitude de combat.

Ému par cet exemple de vaillance, honteux peut-être, il se leva à son tour en rechignant, et sans quitter son bonnet de coton, il prit la pelle et se plaça vis-à-vis de sa moitié.

Ils attendirent vingt minutes dans le plus grand silence. Aucun bruit nouveau ne troubla le repos de la maison. Alors, madame, furieuse, regagna son lit en déclarant : « Je suis sûre pourtant qu'il y avait quelqu'un. »

Pour éviter quelque querelle, il ne fit aucune allusion pendant le jour à cette panique.

Mais, la nuit suivante, M$^{me}$ Lerebour réveilla son mari avec plus de violence encore que la veille et, haletante, elle bégayait : « Gustave, Gustave, on vient d'ouvrir la porte du jardin. »

Etonné de cette persistance, il crut sa femme atteinte de somnambulisme et il allait s'efforcer de secouer ce sommeil dangereux quand il lui sembla entendre, en effet, un bruit léger sous les murs de la maison.

Il se leva, courut à la fenêtre, et il vit, oui, il vit une ombre blanche qui traversait vivement une allée.

Il murmura, défaillant : « Il y a quelqu'un. » Puis il reprit ses sens, s'affermit, et soulevé tout à coup par une formidable colère de propriétaire dont on a violé la clôture, il prononça : « Attendez, attendez, vous allez voir. »

Il s'élança vers le secrétaire, l'ouvrit, prit son revolver, et se précipita dans l'escalier.

Sa femme éperdue le suivait en criant :
« Gustave, Gustave, ne m'abandonne pas, ne me laisse pas seule. Gustave ! Gustave ! »

Mais il ne l'écoutait guère ; il tenait déjà la porte du jardin.

Alors elle remonta bien vite se barricader dans la chambre conjugale.

*
* *

Elle attendit cinq minutes, dix minutes, un quart d'heure. Une terreur folle l'envahissait. Ils l'avaient tué sans doute, saisi, garrotté, étranglé. Elle eût mieux aimé entendre retentir les six coups de revolver, savoir qu'il se battait, qu'il se défendait. Mais ce grand silence, ce silence effrayant de la campagne la bouleversait.

Elle sonna Céleste. Céleste ne vint pas, ne répondit point. Elle sonna de nouveau, défaillante, prête à perdre connaissance. La maison entière demeura muette.

Elle colla contre la vitre son front brûlant, cherchant à pénétrer les ténèbres du dehors. Elle ne distinguait rien que les ombres plus noires des massifs à côté des traces grises des chemins.

La demie de minuit sonna. Son mari était absent depuis quarante-cinq minutes. Elle ne le reverrait plus ! Non ! certainement elle ne le reverrait plus ! Et elle tomba à genoux en sanglotant.

Deux coups légers contre la porte de la chambre la firent se redresser d'un bond. M. Lerebour l'appelait : « Ouvre donc, Palmyre, c'est moi. » Elle s'élança, ouvrit, et debout devant lui, les poings sur les hanches, les yeux encore pleins de larmes : « D'où viens-tu, sale bête ! Ah ! tu me laisses comme ça à crever de peur toute seule, ah ! tu ne t'inquiètes pas plus de moi que si je n'existais pas... »

Il avait refermé la porte ; et il riait, il riait comme un fou, les deux joues fendues par sa bouche, les mains sur son ventre, les yeux humides.

Mme Lerebour, stupéfaite, se tut.

Il bégayait : « C'était... c'était... Céleste qui avait un... un... un rendez-vous dans la serre... Si tu savais ce que... ce que... ce que j'ai vu... »

Elle était devenue blême, étouffant d'indignation. « Hein ?... tu dis ?... Céleste ?... chez moi ?... dans ma... ma... ma maison... dans ma... ma... dans ma serre. Et tu n'as pas tué l'homme, un complice ! Tu avais un revolver et tu ne l'as pas tué... Chez moi... chez moi... »

Elle s'assit, n'en pouvant plus.

Il battit un entrechat, fit les castagnettes

avec ses doigts, claqua de la langue, et, riant toujours : « Si tu savais... si tu savais... »

Brusquement, il l'embrassa.

Elle se débarrassa de lui. Et la voix coupée par la colère : « Je ne veux pas que cette fille reste un jour de plus chez moi, tu entends ? Pas un jour... pas une heure. Quand elle va rentrer, nous allons la jeter dehors... »

M. Lerebour avait saisi sa femme par la taille et il lui plantait des rangs de baisers dans le cou, des baisers à bruits, comme jadis. Elle se tut de nouveau, percluse d'étonnement. Mais lui, la tenant à pleins bras, l'entraînait doucement vers le lit...

\*
\* \*

Vers neuf heures et demie du matin, Céleste, étonnée de ne pas voir encore ses maîtres qui se levaient toujours de bonne heure, vint frapper doucement à leur porte.

Ils étaient couchés, et ils causaient gaiement côte à côte. Elle demeura saisie, et demanda : « Madame, c'est le café au lait. »

Mme Lerebour prononça d'une voix très douce : « Apporte-le ici, ma fille, nous sommes un peu fatigués, nous avons très mal dormi. »

A peine la bonne fut-elle sortie que M. Lerebour se remit à rire en chatouillant sa femme et répétant : « Si tu savais ! Oh ! si tu savais. » Mais elle lui prit les mains : « Voyons, reste tranquille, mon chéri, si tu ris tant que ça, tu vas te faire du mal. »

Et elle l'embrassa, doucement, sur les yeux.

*
* *

Mme Lerebour n'a plus d'aigreurs. Par les

nuits claires quelquefois, les deux époux vont, à pas furtifs, le long des massifs et des plates-bandes jusqu'à la petite serre au bout du jardin. Et ils restent là blottis l'un près de l'autre contre le vitrage comme s'ils regardaient au dedans une chose étrange et pleine d'intérêt.

Ils ont augmenté les gages de Céleste.

M. Lerebour a maigri.

# UN DUEL

La guerre était finie; les Allemands occupaient la France; le pays palpitait comme un lutteur vaincu tombé sous le genou du vainqueur.

De Paris affolé, affamé, désespéré, les premiers trains sortaient, allant aux frontières nouvelles, traversant avec lenteur les campagnes et les villages. Les premiers voyageurs regardaient par les portières les plaines ruinées et les hameaux incendiés. Devant les portes des maisons restées debout, des soldats prussiens, coiffés du casque noir à la pointe de cuivre, fumaient leur pipe, à cheval sur des chaises. D'autres travaillaient ou causaient comme s'ils eussent fait partie des familles. Quand on passait les villes, on voyait des régiments entiers manœuvrant sur les places, et, malgré le bruit des roues, les commandements rauques arrivaient par instants.

M. Dubuis, qui avait fait partie de la garde nationale de Paris pendant toute la durée du siège, allait rejoindre en Suisse sa femme et sa fille, envoyées par prudence à l'étranger, avant l'invasion.

La famine et les fatigues n'avaient point diminué son gros ventre de marchand riche et pacifique. Il avait subi les événements terribles avec une résignation désolée et des phrases amères sur la sauvagerie des hommes. Maintenant qu'il gagnait la frontière, la guerre finie, il voyait pour la première fois des Prussiens, bien qu'il eût fait son devoir sur les remparts et monté bien des gardes par les nuits froides.

Il regardait avec une terreur irritée ces hommes armés et barbus installés comme chez eux sur la terre de France, et il se sentait à l'âme une sorte de fièvre de patriotisme impuissant, en même temps que ce grand besoin, que cet instinct nouveau de prudence qui ne nous a plus quittés.

Dans son compartiment, deux Anglais, venus pour voir, regardaient de leurs yeux tranquilles et curieux. Ils étaient gros aussi tous deux et causaient en leur langue, parcourant parfois leur guide, qu'ils lisaient à haute voix en cherchant à bien reconnaître les lieux indiqués.

Tout à coup, le train s'étant arrêté à la gare d'une petite ville, un officier prussien monta avec son grand bruit de sabre sur le double marchepied du wagon. Il était grand, serré dans son uniforme et barbu jusqu'aux yeux. Son poil roux semblait flamber, et ses longues moustaches, plus pâles, s'élançaient des deux côtés du visage qu'elles coupaient en travers.

Les Anglais aussitôt se mirent à le contempler avec des sourires de curiosité satisfaite, tandis que M. Dubuis faisait semblant de lire un journal. Il se tenait blotti dans son coin, comme un voleur en face d'un gendarme.

Le train se remit en marche. Les Anglais continuaient à causer, à chercher les lieux précis des batailles ; et soudain, comme l'un d'eux tendait le bras vers l'horizon en indiquant un village, l'officier prussien prononça en français, en étendant ses longues jambes et se renversant sur le dos :

— Ché tué touze Français tans ce fillage. Ché bris plus te cent brisonniers.

Les Anglais, tout à fait intéressés, demandèrent aussitôt :

— Aoh ! comment s'appelé, cette village ?

Le Prussien répondit : « Pharsbourg ».

Il reprit :

— Ché bris ces bolissons de Français bar les oreilles.

Et il regardait M. Dubuis en riant orgueilleusement dans son poil.

Le train roulait, traversant toujours des hameaux occupés. On voyait les soldats allemands le long des routes, au bord des champs, debout aux coins des barrières, ou causant dèvant les cafés. Ils couvraient la terre comme les sauterelles d'Afrique.

L'officier tendit la main :

— Si ch'afrais le gommandement ch'aurais bris Paris, et brûlé tout, et tué tout le monde. Blus de France !

Les Anglais par politesse répondirent simplement :

— Aoh yes.

Il continua :

— Tans vingt ans, toute l'Europe, toute, abartiendra à nous. La Brusse blus forte que tous.

Les Anglais inquiets ne répondaient plus. Leurs faces, devenues impassibles, semblaient de cire entre leurs longs favoris. Alors l'officier prussien se mit à rire. Et, toujours renversé sur le dos, il blagua. Il blaguait la France écrasée, insultait les ennemis à terre ; il blaguait l'Autriche vaincue naguère ; il blaguait la défense acharnée et impuissante des départements ; il blaguait les mobiles, l'artillerie inutile. Il annonça que Bismarck allait bâtir une ville de fer avec les canons capturés.. Et soudain il mit ses bottes contre la cuisse de M. Dubuis, qui détournait les yeux, rouge jusqu'aux oreilles.

Les Anglais semblaient devenus indifférents à tout, comme s'ils s'étaient trouvés brusquement renfermés dans leur île, loin des bruits du monde.

L'officier tira sa pipe et, regardant fixement le Français :

— Vous n'auriez bas de tabac ?

M. Dubuis répondit :

— Non, monsieur.

L'Allemand reprit :

— Je fous brie t'aller en acheter gand le gonvoi s'arrêtera.

Et il se mit à rire de nouveau :

— Je vous tonnerai un bourboire.

Le train siffla, ralentissant sa marche.

On passait devant les bâtiments incendiés d'une gare ; puis on s'arrêta tout à fait.

L'Allemand ouvrit la portière et, prenant par le bras M. Dubuis :

— Allez faire ma gommission, fite, fite !

Un détachement prussien occupait la station. D'autres soldats regardaient, debout le long des grilles de bois. La machine déjà sifflait pour repartir. Alors, brusquement, M. Dubuis s'élança sur le quai et, malgré les gestes du chef de gare, il se précipita dans le compartiment voisin.

* * *

Il était seul ! Il ouvrit son gilet, tant son cœur battait, et il s'essuya le front, haletant.

Le train s'arrêta de nouveau dans une station. Et tout à coup l'officier parut à la portière et monta, suivi bientôt des deux Anglais que la curiosité poussait. L'Allemand s'assit en face du Français et, riant toujours :

— Fous n'afez pas foulu faire ma gommission.

M. Dubuis répondit :

— Non, monsieur.

Le train venait de repartir.

L'officier dit :

— Che fais gouper fotre moustache pour bourrer ma pipe.

Et il avança la main vers la figure de son voisin.

Les Anglais, toujours impassibles, regardaient de leurs yeux fixes.

Déjà, l'Allemand avait pris une pincée de poils et tirait dessus, quand M. Dubuis d'un revers de main lui releva le bras et, le saisissant au collet, le rejeta sur la banquette.

Puis, fou de colère, les tempes gonflées, les yeux pleins de sang, l'étranglant toujours d'une main, il se mit avec l'autre, fermée, à lui taper furieusement des coups de poing par la figure. Le Prussien se débattait, tâchait de tirer son sabre, d'étreindre son adversaire couché sur lui. Mais M. Dubuis l'écrasait du poids énorme de son ventre, et tapait, tapait sans repos, sans prendre haleine, sans savoir où tombaient ses coups. Le sang coulait ; l'Allemand, étranglé, râlait, crachait ses dents, essayait, mais en vain, de rejeter ce gros homme exaspéré, qui l'assommait.

Les Anglais s'étaient levés et rapprochés pour mieux voir. Ils se tenaient debout, pleins de joie et de curiosité, prêts à parier pour ou contre chacun des combattants.

Et soudain M. Dubuis, épuisé par un

pareil effort, se releva et se rassit sans dire un mot.

Le Prussien ne se jeta pas sur lui, tant il demeurait effaré, stupide d'étonnement et de douleur. Quand il eut repris haleine, il prononça :

— Si fous ne foulez pas me rentre raison avec le bistolet, che vous tuerai.

M. Dubuis répondit :

— Quand vous voudrez. Je veux bien.

L'Allemand reprit :

— Foici la ville de Strasbourg, che brendrai deux officiers bour témoins, ché le temps avant que le train rebarte.

M. Dubuis, qui soufflait autant que la machine, dit aux Anglais :

— Voulez-vous être mes témoins ?

Tous deux répondirent ensemble :

— Aoh yes !

Et le train s'arrêta.

En une minute, le Prussien avait trouvé deux camarades qui apportèrent des pistolets, et on gagna les remparts.

Les Anglais sans cesse tiraient leur montre, pressant le pas, hâtant les préparatifs, inquiets de l'heure pour ne point manquer le départ.

M. Dubuis n'avait jamais tenu un pistolet. On le plaça à vingt pas de son ennemi. On lui demanda :

— Êtes-vous prêt ?

En répondant « oui, monsieur », il s'aperçut qu'un des Anglais avait ouvert son parapluie pour se garantir du soleil.

Une voix commanda :

— Feu !

M. Dubuis tira, au hasard, sans attendre, et il aperçut avec stupeur le Prussien debout en face de lui qui chancelait, levait les bras, et tombait raide sur le nez. Il l'avait tué.

Un Anglais cria un « Aoh » vibrant de joie, de curiosité satisfaite et d'impatience heureuse. L'autre, qui tenait toujours sa montre à la main, saisit M. Dubuis par le bras, et l'entraîna, au pas gymnastique, vers la gare.

Le premier Anglais marquait le pas, tout en courant, les poings fermés, les coudes au corps.

— Une, deux ! une, deux !

Et tous trois de front trottaient, malgré leurs ventres, comme trois grotesques d'un journal pour rire.

Le train partait. Ils sautèrent dans leur voiture. Alors, les Anglais, ôtant leurs toques de voyage, les levèrent en les agitant, puis, trois fois de suite, ils crièrent :

— Hip, hip, hip, hurrah !

Puis, ils tendirent gravement, l'un après l'autre, la main droite à M. Dubuis, et ils retournèrent s'asseoir côte à côte dans leur coin.

# UNE SOIRÉE

Maître Saval, notaire à Vernon, aimait passionnément la musique. Jeune encore, chauve déjà, rasé toujours avec soin, un peu gros, comme il sied, portant un pince-nez d'or au lieu des antiques lunettes, actif, galant et joyeux, il passait dans Vernon pour un artiste. Il touchait du piano et jouait du violon, donnait des soirées musicales où l'on interprétait les opéras nouveaux.

Il avait même ce qu'on appelle un filet de voix, rien qu'un filet, un tout petit filet; mais il le conduisait avec tant de goût que les « Bravo ! Exquis ! Surprenant ! Adorable ! » jaillissaient de toutes les bouches dès qu'il avait murmuré la dernière note.

Il était abonné chez un éditeur de musique de Paris, qui lui adressait les nouveautés, et il envoyait de temps en temps à la haute société de la ville des petits billets ainsi tournés :

« Vous êtes prié d'assister, lundi soir,
» chez M. Saval, notaire, à la première au-
» dition, à Vernon, du *Saïs.* »

Quelques officiers, doués de jolie voix, faisaient les chœurs. Deux ou trois dames du cru chantaient aussi. Le notaire remplissait le rôle de chef d'orchestre avec tant de sûreté, que le chef de musique du 190ᵉ de ligne avait dit de lui, un jour, au café de l'Europe :

— Oh ! M. Saval, c'est un maître, il est

bien malheureux qu'il n'ait pas embrassé la carrière des arts.

Quand on citait son nom dans un salon, il se trouvait toujours quelqu'un pour déclarer :

— Ce n'est pas un amateur, c'est un artiste, un véritable artiste.

Et deux ou trois personnes répétaient, avec une conviction profonde :

— Oh ! oui, un véritable artiste ; en appuyant beaucoup sur « véritable ».

Chaque fois qu'une œuvre nouvelle était interprétée sur une grande scène de Paris, M. Saval faisait le voyage.

Or, l'an dernier, il voulut, selon sa coutume, aller entendre *Henri VIII*. Il prit donc l'express qui arrive à Paris à quatre heures et trente minutes, étant résolu à repartir par le train de minuit trente-cinq, pour ne point coucher à l'hôtel. Il avait endossé chez lui la tenue de soirée, habit noir et cravate blanche, qu'il dissimulait sous son pardessus au col relevé.

Dès qu'il eut mis le pied rue d'Amsterdam, il se sentit tout joyeux. Il se disait :

— Décidément l'air de Paris ne ressemble à aucun air. Il a un je ne sais quoi de montant, d'excitant, de grisant, qui vous donne une drôle d'envie de gambader et de faire bien autre chose encore. Dès que je débarque ici, il me semble, tout d'un coup, que je viens de boire une bouteille de champagne. Quelle vie on pourrait mener dans cette ville, au milieu des artistes ! Heureux les élus, les grands hommes qui jouissent de la renommée dans une pareille ville ! Quelle existence est la leur !

Et il faisait des projets ; il aurait voulu connaître quelques-uns de ces hommes célèbres, pour parler d'eux à Vernon et passer de temps en temps une soirée chez eux lorsqu'il venait à Paris.

Mais tout à coup une idée le frappa. Il avait entendu citer de petits cafés des boulevards extérieurs, où se réunissaient des peintres déjà connus, des hommes de lettres, même des musiciens, et il se mit à monter vers Montmartre d'un pas lent.

Il avait deux heures devant lui. Il voulait voir. Il passa devant les brasseries fréquentées par les derniers bohèmes, regardant les têtes, cherchant à deviner les artistes. Enfin il entra au Rat-Mort, alléché par le titre.

Cinq ou six femmes accoudées sur les tables de marbre parlaient bas de leurs affaires d'amour, des querelles de Lucie avec Hortense, de la gredinerie d'Octave. Elles étaient mûres, trop grasses ou trop maigres, fatiguées, usées. On les devinait presque chauves ; et elles buvaient des bocks comme des hommes.

M. Saval s'assit loin d'elles, et attendit, car l'heure de l'absinthe approchait.

Un grand jeune homme vint bientôt se placer près de lui. La patronne l'appela M. « Romantin ». Le notaire tressaillit. Est-ce ce Romantin qui venait d'avoir une première médaille au dernier Salon ?

Le jeune homme d'un geste fit venir le garçon :

— Tu vas me donner à dîner tout de suite, et puis tu porteras à mon nouvel atelier, 15, boulevard de Clichy, trente bouteilles de bière et le jambon que j'ai commandé ce matin. Nous allons pendre la crémaillère.

M. Saval aussitôt se fit servir à dîner. Puis il ôta son pardessus, montrant son habit et sa cravate blanche.

Son voisin ne paraissait point le remarquer. Il avait pris un journal et lisait. M. Saval le regardait de côté, brûlant du désir de lui parler.

Deux jeunes hommes entrèrent vêtus de vestes de velours rouge, et portant des barbes en pointe à la Henri III. Ils s'assirent en face de Romantin.

Le premier dit :

— C'est pour ce soir ?

Romantin lui serra la main :

— Je te crois, mon vieux, et tout le monde y sera. J'ai Bonnat, Guillemet, Gervex, Béraud, Hébert, Duez, Clairin, Jean-Paul Laurens ; ce sera une fête épatante. Et des femmes, tu verras ! Toutes les actrices sans exception, toutes celles qui n'ont rien à faire ce soir, bien entendu.

Le patron de l'établissement s'était approché.

— Vous la pendez souvent, cette crémaillère?

Le peintre répondit :

— Je vous crois, tous les trois mois, à chaque terme.

M. Saval n'y tint plus et d'une voix hésitante :

— Je vous demande pardon de vous déranger, monsieur, mais j'ai entendu prononcer votre nom et je serais fort désireux de savoir si vous êtes bien M. Romantin dont j'ai tant admiré l'œuvre au dernier Salon.

L'artiste répondit :

— Lui-même, en personne, monsieur.

Le notaire alors fit un compliment bien tourné, prouvant qu'il avait des lettres.

Le peintre séduit répondit par des politesses. On causa.

Romantin en revint à sa crémaillère, détaillant les magnificences de la fête.

M. Saval l'interrogea sur tous les hommes qu'il allait recevoir, ajoutant :

— Ce serait pour un étranger une extraordinaire bonne fortune que de rencontrer, d'un seul coup, tant de célébrités réunies chez un artiste de votre valeur.

Romantin, conquis, répondit :

— Si ça peut vous être agréable, venez.

M. Saval accepta avec enthousiasme, pensant :

— J'aurai toujours le temps de voir *Henri VIII*.

Tous deux avaient achevé leur repas. Le notaire s'acharna à payer les deux notes, voulant répondre aux gracieusetés de son voisin. Il paya aussi les consommations des jeunes gens en velours rouge ; puis il sortit avec son peintre.

Ils s'arrêtèrent devant une maison très longue, et peu élevée, dont tout le premier étage avait l'air d'une serre interminable. Six ateliers s'alignaient à la file, en façade sur le boulevard.

Romantin entra le premier, monta l'escalier, ouvrit une porte, alluma une allumette, puis une bougie.

Ils se trouvaient dans une pièce démesurée dont le mobilier consistait en trois chaises, deux chevalets, et quelques esquisses posées par terre, le long des murs. M. Saval, stupéfait, restait immobile sur la porte.

Le peintre prononça :

— Voilà, nous avons la place ; mais tout est à faire.

Puis, examinant le haut appartement nu, dont le plafond se perdait dans l'ombre, il déclara :

— On pourrait tirer un grand parti de cet atelier.

Il en fit le tour en le contemplant avec la plus grande attention, puis reprit :

— J'ai bien une maîtresse qui aurait pu nous aider. Pour draper des étoffes, les femmes sont incomparables. Mais je l'ai envoyée à la campagne pour aujourd'hui, afin de m'en débarrasser ce soir. Ce n'est pas qu'elle m'ennuie, mais elle manque par trop d'usage ; cela m'aurait gêné pour mes invités.

Il réfléchit quelques secondes, puis ajouta :

— C'est une bonne fille, mais pas commode. Si elle savait que je reçois du monde, elle m'arracherait les yeux.

M. Saval n'avait point fait un mouvement ; il ne comprenait pas.

L'artiste s'approcha de lui.

— Puisque je vous ai invité, vous allez m'aider à quelque chose.

Le notaire déclara :

— Usez de moi comme vous voudrez. Je suis à votre disposition.

Romantin ôta sa jaquette.

— Eh bien, citoyen, à l'ouvrage. Nous allons d'abord nettoyer.

Il alla derrière le chevalet, qui portait une toile représentant un chat, et prit un balai très usé.

— Tenez, balayez pendant que je vais me préoccuper de l'éclairage.

M. Saval prit le balai, le considéra et se mit à frotter maladroitement le parquet en soulevant un ouragan de poussière.

Romantin indigné l'arrêta :

— Vous ne savez donc pas balayer, sacrebleu ! Tenez, regardez-moi.

Et il commença à rouler devant lui des tas d'ordure grise, comme s'il n'eût fait que cela toute sa vie ; puis il rendit le balai au notaire, qui l'imita.

En cinq minutes, une telle fumée de poussière emplissait l'atelier que Romantin demanda :

— Où êtes-vous ? Je ne vous vois plus.

M. Saval, qui toussait, se rapprocha. Le peintre lui dit :

— Comment vous y prendriez-vous pour faire un lustre ?

L'autre abasourdi demanda :

— Quel lustre ?

— Mais un lustre pour éclairer, un lustre avec des bougies.

Le notaire ne comprenait point. Il répondit :

— Je ne sais pas.

Le peintre se mit à gambader en jouant des castagnettes avec ses doigts.

— Eh bien ! moi, j'ai trouvé, monseigneur.

Puis il reprit avec plus de calme :

— Vous avez bien cinq francs sur vous ?

M. Saval répondit :

— Mais oui.

L'artiste reprit :

— Eh bien ! vous allez m'acheter pour cinq francs de bougies pendant que je vais aller chez le tonnelier.

Et il poussa dehors le notaire en habit. Au bout de cinq minutes, ils étaient revenus rapportant, l'un des bougies, l'autre un cercle de futaille. Puis Romantin plongea dans un placard et en tira une vingtaine de bouteilles vides, qu'il attacha en couronne autour du cercle. Il descendit ensuite emprunter une échelle à la concierge, après avoir expliqué qu'il avait obtenu les faveurs de la vieille femme en faisant le portrait de son chat exposé sur le chevalet.

Lorsqu'il fut remonté avec un escabeau, il demanda à M. Saval :

— Êtes-vous souple ?

L'autre sans comprendre répondit :

— Mais oui.

— Eh bien, vous allez grimper là-dessus et m'attacher ce lustre-là à l'anneau du plafond. Puis vous mettrez une bougie dans chaque bouteille et vous allumerez. Je vous dis que j'ai le génie de l'éclairage. Mais retirez votre habit, sacrebleu ! vous avez l'air d'un larbin.

La porte s'ouvrit brutalement ; une femme parut, les yeux brillants, et demeura debout sur le seuil.

Romantin la considérait avec une épouvante dans le regard.

Elle attendit quelques secondes, croisa ses bras sur sa poitrine ; puis d'une voix aiguë, vibrante, exaspérée :

— Ah ! sale mufle, c'est comme ça que tu me lâches ?

Romantin ne répondit pas. Elle reprit :

— Ah ! gredin. Tu faisais le gentil encore en m'envoyant à la campagne. Tu vas voir un peu comme je vais l'arranger ta fête. Oui, c'est moi qui vais les recevoir tes amis...

Elle s'animait :

— Je vais leur en flanquer par la figure des bouteilles et des bougies...

Romantin prononça d'une voix douce :

— Mathilde...

Mais elle ne l'écoutait pas, elle continuait :

— Attends un peu, mon gaillard, attends un peu !

Romantin s'approcha, essayant de lui prendre les mains :

— Mathilde...

Mais elle était lancée, maintenant ; elle allait, vidant sa hotte aux gros mots et son sac aux reproches. Cela coulait de sa bouche comme un ruisseau qui roule des ordures. Les paroles précipitées semblaient se battre pour sortir. Elle bredouillait, bégayait, bafouillait, retrouvant soudain de la voix pour jeter une injure, un juron.

Il lui avait saisi les mains, sans qu'elle s'en aperçût ; elle ne semblait même pas le voir, tout occupée à parler, à soulager son cœur. Et soudain elle pleura. Les larmes lui coulaient des yeux sans qu'elle arrêtât le flux de ses plaintes. Mais les mots avaient pris des intonations criardes et fausses, des notes mouillées, puis des sanglots l'interrompirent. Elle repartit encore deux ou trois fois, arrêtée soudain par un étranglement, et enfin se tut, dans un débordement de larmes.

Alors il la serra dans ses bras, lui baisant les cheveux, attendri lui-même.

— Mathilde, ma petite Mathilde, écoute. Tu vas être bien raisonnable. Tu sais, si je donne une fête, c'est pour remercier ces messieurs de ma médaille du Salon. Je ne peux pas recevoir de femmes. Tu devrais comprendre ça. Avec les artistes, ça n'est pas comme avec tout le monde.

Elle balbutia dans ses pleurs :

— Pourquoi ne me l'as-tu pas dit ?

Il reprit :

— C'était pour ne pas te fâcher, ne point te faire de peine. Écoute, je vais te reconduire chez toi. Tu seras bien sage, bien gentille, tu resteras tranquillement à m'attendre dans le dodo et je reviendrai sitôt que ce sera fini.

Elle murmura :

— Oui, mais tu ne recommenceras pas ?

— Non, je te le jure.

Il se tourna vers M. Saval, qui venait d'accrocher enfin le lustre :

— Mon cher ami, je reviens dans cinq minutes. Si quelqu'un arrivait en mon absence, faites les honneurs pour moi, n'est-ce pas ?

Et il entraîna Mathilde, qui s'essuyait les yeux et se mouchait coup sur coup.

Resté seul, M. Saval acheva de mettre de l'ordre autour de lui. Puis il alluma les bougies et attendit.

Il attendit un quart d'heure, une demi-heure, une heure. Romantin ne revenait pas. Puis, tout à coup, ce fut dans l'escalier un bruit effroyable, une chanson hurlée en chœur par vingt bouches, et un pas rythmé comme celui d'un régiment prussien. Les secousses régulières des pieds ébranlaient la maison tout entière. La porte s'ouvrit, une foule parut. Hommes et femmes à la file, se tenant par les bras, deux par deux, et tapant du talon en cadence, s'avancèrent dans l'atelier comme un serpent qui se déroule. Ils hurlaient :

> Entrez dans mon établissement,
> Bounes d'enfants et soldats !...

M. Saval, éperdu, en grande tenue, restait debout sous le lustre. La procession l'aperçut et poussa un hurlement : « Un larbin ! un larbin ! » Et se mit à tourner autour de lui, l'enfermant dans un cercle de vociférations. Puis on se prit par la main et on dansa une ronde affolée.

Il essayait de s'expliquer :

— Messieurs... messieurs... mesdames...

Mais on ne l'écoutait pas. On tournait, on sautait, on braillait.

A la fin la danse s'arrêta.

M. Saval prononça :

— Messieurs...

Un grand garçon blond et barbu jusqu'au nez lui coupa la parole :

— Comment vous appelez-vous, mon ami ?

Le notaire effaré prononça :

— Je suis M. Saval.

Une voix cria :

— Tu veux dire Baptiste.

Une femme dit :

— Laissez-le donc tranquille, ce garçon ; il va se fâcher à la fin. Il est payé pour nous servir et pas pour se faire moquer de lui.

Alors M. Saval s'aperçut que chaque invité apportait ses provisions. L'un tenait une bouteille et l'autre un pâté. Celui-ci un pain, celui-là un jambon.

Le grand garçon blond lui mit dans les bras un saucisson démesuré et commanda :

— Tiens, va dresser le buffet dans le

coin, là-bas. Tu mettras les bouteilles à gauche et les provisions à droite.

Saval, perdant la tête, s'écria :

— Mais, messieurs, je suis un notaire !

Il y eut un instant de silence, puis un rire fou. Un monsieur soupçonneux demanda :

— Comment êtes-vous ici ?

Il s'expliqua, racontant son projet d'aller à l'Opéra, son départ de Vernon, son arrivée à Paris, toute sa soirée.

On s'était assis autour de lui pour l'écouter, on lui lançait des mots ; on l'appelait Schéhérazade.

Romantin ne revenait pas. D'autres invités arrivaient. On leur présentait M. Saval pour qu'il recommençât son histoire. Il refusait, on le forçait à raconter ; on l'attacha sur une des trois chaises, entre deux femmes qui lui versaient sans cesse à boire. Il buvait, il riait, il parlait, il chantait aussi. Il voulut danser avec sa chaise, il tomba.

A partir de ce moment, il oublia tout. Il lui sembla pourtant qu'on le déshabillait, qu'on le couchait, et qu'il avait mal au cœur.

Il faisait grand jour quand il s'éveilla, étendu, au fond d'un placard, dans un lit qu'il ne connaissait pas.

Une vieille femme, un balai à la main, le regardait d'un air furieux. A la fin, elle prononça :

— Salop, va ! Salop ! Si c'est permis de se soûler comme ça !

Il s'assit sur son séant, il se sentait mal à son aise. Il demanda :

— Où suis-je ?

— Où vous êtes, salop ? Vous êtes gris. Allez-vous bientôt décaniller, et plus vite que ça !

Il voulut se lever. Il était nu dans ce lit.

Ses habits avaient disparu. Il prononça :

— Madame, je...!

Puis il se souvint... Que faire ? Il demanda :

— Monsieur Romantin n'est pas rentré ?

La concierge vociféra :

— Voulez-vous bien décaniller, qu'il ne vous trouve pas ici au moins !

M. Saval confus déclara :

— Je n'ai plus mes habits, on me les a pris.

Il dut attendre, expliquer son cas, prévenir ses amis, emprunter de l'argent pour se vêtir. Il ne repartit que le soir.

Et quand on parle musique chez lui, dans son beau salon de Vernon, il déclare avec autorité que la peinture est un art fort inférieur.

# JADIS

Le château de style ancien est sur une colline boisée ; de grands arbres l'entourent d'une verdure sombre ; et le parc infini étend ses perspectives tantôt sur des profondeurs de forêt, tantôt sur les pays environnants. A quelques mètres de la façade se creuse un bassin de pierre où se baignent des dames de marbre ; d'autres bassins étagés se succèdent jusqu'au pied du coteau, et une source emprisonnée roule ses cascades de l'un à l'autre.

Du manoir qui fait des grâces comme

une coquette surannée, jusqu'aux grottes incrustées de coquillages, et où sommeillent des amours d'un autre siècle, tout, en ce domaine antique, a gardé la physionomie des vieux âges ; tout semble parler encore des coutumes anciennes, des mœurs d'autrefois, des galanteries passées, et des élégances légères où s'exerçaient nos aïeules.

Dans un petit salon Louis XV, dont les murs sont couverts de bergers marivaudant avec des bergères, de belles dames à paniers et de messieurs galants et frisés, une toute vieille femme qui semble morte aussitôt qu'elle ne remue plus est presque couchée dans un grand fauteuil et laisse pendre de chaque côté ses mains osseuses de momie.

Son regard voilé se perd au loin par la campagne, comme pour suivre à travers le parc des visions de sa jeunesse. Un souffle d'air parfois arrive par la fenêtre ouverte, apporte des senteurs d'herbes et des parfums de fleurs. Il fait voltiger ses cheveux blancs autour de son front ridé et les souvenirs vieux dans sa pensée.

A ses côtés, sur un tabouret de tapisserie, une jeune fille aux longs cheveux blonds tressés sur le dos, brode un ornement d'autel. Elle a des yeux rêveurs, et, pendant que travaillent ses doigts agiles, on voit qu'elle songe.

Mais l'aïeule a tourné la tête.

— Berthe, dit-elle, lis-moi donc un peu les gazettes, afin que je sache encore quelquefois ce qui se passe en ce monde.

La jeune fille prit un journal et le parcourut du regard.

— Il y a beaucoup de politique, grand'mère, faut-il passer ?

— Oui, oui, mignonne. N'y a-t-il pas d'histoires d'amour ? La galanterie est donc morte en France qu'on ne parle plus d'enlèvements ni d'aventures comme autrefois.

La jeune fille chercha longtemps.

— Voilà, dit-elle. C'est intitulé : « Drame d'amour ».

La vieille femme sourit dans ses rides.

— Lis-moi cela.

Et Berthe commença. C'était une histoire de vitriol. Une femme, pour se venger d'une maîtresse de son mari, lui avait brûlé le visage et les yeux. Elle était sortie des Assises acquittée, innocentée, aux applaudissements de la foule.

L'aïeule s'agitait sur son siège et répétait :

— C'est affreux, mais c'est affreux cela ! Trouve-moi donc autre chose, mignonne.

Berthe chercha ; et, plus loin, toujours

aux tribunaux, se mit à lire : « Sombre drame. » Une demoiselle de magasin, déjà mûre, s'était laissé choir entre les bras d'un jeune homme ; puis, pour se venger de son amant, dont le cœur était volage, elle lui avait tiré un coup de revolver. Le malheureux resterait estropié. Les jurés, gens moraux, prenant parti pour l'amour illégitime de la meurtrière, l'avaient acquittée honorablement.

Cette fois, la vieille grand'mère se révolta tout à fait, et, la voix tremblante :

— Mais vous êtes donc fous aujourd'hui? Vous êtes fous ! Le bon Dieu vous a donné l'amour, la seule séduction de la vie ; l'homme y a joint la galanterie, la seule distraction de nos heures, et voilà que vous y mêlez du vitriol et du revolver, comme on mettrait de la boue dans un flacon de vin d'Espagne.

Berthe ne paraissait pas comprendre l'indignation de son aïeule.

— Mais, grand'mère, cette femme s'est vengée. Songe donc, elle était mariée, et son mari la trompait.

La grand'mère eut un soubresaut.

— Quelles idées vous donne-t-on, à vous autres jeunes filles, aujourd'hui ?

Berthe répondit :

— Mais le mariage, c'est sacré, grand'mère !

L'aïeule tressaillit en son cœur de femme née encore au grand siècle galant.

— C'est l'amour qui est sacré, dit-elle. Écoute, fillette, une vieille qui a vu trois générations et qui en sait long, bien long sur les hommes et sur les femmes. Le mariage et l'amour n'ont rien à voir ensemble. On se marie pour fonder une famille, et on forme des familles pour constituer la société. La société ne peut pas se passer du mariage. Si la société est une chaîne, chaque famille en est un anneau. Pour souder ces anneaux-là on cherche toujours les métaux pareils. Quand on se marie il faut unir les convenances, combiner les fortunes, joindre les races semblables, travailler pour l'intérêt commun qui est la richesse et les enfants. On ne se marie qu'une fois, fillette, parce que le monde l'exige, mais on peut aimer vingt fois dans sa vie, parce que la nature nous a faits ainsi. Le mariage, c'est une loi, vois-tu, et l'amour c'est un instinct qui nous pousse tantôt à droite, tantôt à gauche. On a fait des lois qui combattent nos instincts, il le fallait ; mais les instincts toujours sont les plus forts, et on ne devrait pas trop leur résister, puisqu'ils viennent de Dieu, tandis que les lois ne viennent que des hommes.

Si on ne parfumait pas la vie avec de l'amour, le plus d'amour possible, mignonne, comme on met du sucre dans les drogues pour les enfants, personne ne voudrait la prendre telle qu'elle est.

Berthe, effarée, ouvrait ses grands yeux. Elle murmura :

— Oh! grand'mère, grand'mère, on ne peut aimer qu'une fois.

L'aïeule leva vers le ciel ses mains tremblantes, comme pour invoquer encore le Dieu défunt des galanteries. Elle s'écria indignée :

— Vous êtes devenus une race de vilains, une race du commun. Depuis la Révolution le monde n'est plus reconnaissable. Vous avez mis des grands mots dans toutes les actions, et des devoirs ennuyeux à tous les coins de l'existence ; vous croyez à l'égalité et à la passion éternelle. Des gens ont fait des vers pour vous dire qu'on mourait d'amour. De mon temps on faisait des vers pour apprendre aux hommes à aimer toutes les femmes. Et nous !... Quand un gentilhomme nous plaisait, fillette, on lui envoyait un page. Et quand il nous venait au cœur un nouveau caprice, on avait vite fait de congédier le dernier amant... à moins qu'on ne les gardât tous les deux...

La vieille souriait d'un sourire pointu ; et dans son œil gris une malice brillait, la malice spirituelle et sceptique de ces gens qui ne se croyaient point de la même pâte que les autres et qui vivaient en maîtres pour qui ne sont point faites les croyances communes.

La jeune fille, toute pâle, balbutia :

— Alors les femmes n'avaient pas d'honneur.

La grand'mère cessa de sourire. Si elle

avait gardé dans l'âme quelque chose de l'ironie de Voltaire, elle avait aussi un peu de la philosophie enflammée de Jean-Jacques : — Pas d'honneur ! parce qu'on aimait, qu'on osait le dire et même s'en vanter ? Mais, fillette, si une de nous, parmi les plus grandes dames de France, était demeurée sans amant, toute la cour en aurait ri. Celles qui voulaient vivre autrement n'avaient qu'à entrer au couvent. Et vous vous imaginez peut-être que vos maris n'aimeront que vous dans toute leur vie. Comme si ça se pouvait, vraiment. Je te dis, moi, que le mariage est une chose nécessaire pour que la Société vive, mais qu'il n'est pas dans la nature de notre race, entends-tu bien ? Il n'y a dans la vie qu'une bonne chose, c'est l'amour.

Et comme vous le comprenez mal, comme vous le gâtez, vous en faites quelque chose de solennel comme un sacrement, ou quelque chose qu'on achète comme une robe.

La jeune fille prit en ses mains tremblantes les mains ridées de la vieille.

— Tais-toi, grand'mère, je t'en supplie.

Et, à genoux, les larmes aux yeux, elle demandait au ciel une grande passion, une seule passion éternelle, selon le rêve des poètes modernes, tandis que l'aïeule, la baisant au front, toute pénétrée encore de cette charmante et saine raison dont les philosophes galants saupoudrèrent le dix-huitième siècle, murmurait :

— Prends garde, pauvre mignonne ; si tu crois à des folies pareilles, tu seras bien malheureuse.

# LE VENGEUR[1]

Quand M. Antoine Leuillet épousa M<sup>me</sup> veuve Mathilde Souris, il était amoureux d'elle depuis bientôt dix ans.

M. Souris avait été son ami, son vieux camarade de collège. Leuillet l'aimait beaucoup, mais le trouvait un peu godiche. Il disait souvent : « Ce pauvre Souris n'a pas inventé la poudre. »

Quand Souris épousa M<sup>lle</sup> Mathilde Duval, Leuillet fut surpris et un peu vexé, car il avait pour elle un léger béguin. C'était la fille d'une voisine, ancienne mercière retirée

[1] Voir *Bel Ami*, 2<sup>e</sup> partie, fin du chapitre II.

avec une toute petite fortune. Elle était jolie, fine, intelligente. Elle prit Souris pour son argent.

Alors Leuillet eut d'autres espoirs. Il fit la cour à la femme de son ami. Il était bien de sa personne, pas bête, riche aussi. Il se croyait sûr du succès; il échoua. Alors il devint amoureux tout à fait, un amoureux que son intimité avec le mari rendait discret, timide, embarrassé. M^{me} Souris crut qu'il ne pensait plus à elle avec des idées entreprenantes et devint franchement son amie. Cela dura neuf ans.

Or, un matin, un commissionnaire apporta à Leuillet un mot éperdu de la pauvre femme. Souris venait de mourir subitement de la rupture d'un anévrisme.

Il eut une secousse épouvantable, car ils étaient du même âge, mais presque aussitôt une sensation de joie profonde, de soulagement infini, de délivrance lui pénétra le corps et l'âme. M<sup>me</sup> Souris était libre.

Il sut montrer cependant l'air affligé qu'il fallait, il attendit le temps voulu, observa toutes les convenances. Au bout de quinze mois, il épousa la veuve.

On jugea cet acte naturel et même généreux. C'était le fait d'un bon ami et d'un honnête homme.

Il fut heureux enfin, tout à fait heureux.

\*
\*  \*

Ils vécurent dans la plus cordiale intimité, s'étant compris et appréciés du premier coup. Ils n'avaient rien de secret l'un pour l'autre et se racontaient leurs plus intimes pensées. Leuillet aimait sa femme maintenant d'un amour tranquille et confiant; il l'aimait comme une compagne tendre et dévouée qui est une égale et une confidente.

Mais il lui restait à l'âme une singulière et inexplicable rancune contre feu Souris qui avait possédé cette femme le premier, qui avait eu la fleur de sa jeunesse et de son âme, qui l'avait même un peu dépoétisée. Le souvenir du mari mort gâtait la félicité du mari vivant ; et cette jalousie posthume harcelait maintenant jour et nuit le cœur de Leuillet.

Il en arrivait à parler sans cesse de Souris, à demander sur lui mille détails intimes et secrets, à vouloir tout connaître de ses habitudes et de sa personne. Et il le poursuivait de railleries jusqu'au fond de son tombeau, rappelant avec complaisance ses travers, insistant sur ses ridicules, appuyant sur ses défauts.

A tout moment il appelait sa femme, d'un bout à l'autre de la maison :

— Hé ! Mathilde ?

— Voilà, mon ami.

— Viens me dire un mot.

Elle arrivait toujours souriante, sachant bien qu'on allait parler de Souris et flattant cette manie inoffensive de son nouvel époux.

— Dis donc, te rappelles-tu un jour où Souris a voulu me démontrer comme quoi les petits hommes sont toujours plus aimés que les grands.

Et il se lançait en des réflexions désagréables pour le défunt qui était petit, et discrètement avantageuses pour lui, Leuillet, qui était grand.

Et M^me Leuillet lui laissait entendre qu'il avait bien raison, bien raison ; et elle riait de tout son cœur, se moquant doucement de l'ancien époux pour le plus grand plaisir du nouveau qui finissait toujours par ajouter :

— C'est égal, ce Souris, quel godiche.

\*
\* \*

Ils étaient heureux, tout à fait heureux. Et Leuillet ne cessait de prouver à sa femme son amour inapaisé par toutes les manifestations d'usage.

Or, une nuit, comme ils ne parvenaient point à s'endormir, émus tous deux par un regain de jeunesse, Leuillet qui tenait sa femme étroitement serrée en ses bras et qui l'embrassait à pleines lèvres, lui demanda tout à coup :

— Dis donc, chérie.

— Hein ?

— Souris... c'est difficile ce que je vais te demander — Souris était-il bien... bien amoureux ?

Elle lui rendit un gros baiser, et murmura : « Pas tant que toi, mon chat. »

Il fut flatté dans son amour-propre d'homme et reprit : « Il devait être... godiche... dis ? »

Elle ne répondit pas. Elle eut seulement un petit rire de malice en cachant sa figure dans le cou de son mari.

Il demanda : « Il devait être très godiche, et pas... pas... comment dirai-je... pas habile ? »

Elle fit de la tête un léger mouvement qui signifiait : « Non... pas habile du tout. »

Il reprit : « Il devait bien t'ennuyer, la nuit, hein ? »

Elle eut, cette fois, un accès de franchise en répondant : « Oh ! oui ! »

Il l'embrassa de nouveau pour cette parole et murmura : « Quelle brute c'était ! Tu n'étais pas heureuse avec lui ? »

Elle répondit : « Non. Ça n'était pas gai tous les jours. »

Leuillet se sentit enchanté, établissant en son esprit une comparaison toute à son avantage entre l'ancienne situation de sa femme et la nouvelle.

Il demeura quelque temps sans parler, puis il eut une secousse de gaieté et demanda :

— Dis donc ?

— Quoi ?

— Veux-tu être bien franche, bien franche avec moi ?

— Mais oui, mon ami.

— Eh bien, là, vrai, est-ce que tu n'as jamais eu la tentation de le… de le… de le tromper, cet imbécile de Souris ?

Mme Leuillet fit un petit « Oh ! » de pudeur et se cacha encore plus étroitement dans la poitrine de son mari. Mais il s'aperçut qu'elle riait.

Il insista. — Là, vraiment, avoue-le ? Il

avait si bien une tête de cocu, cet animal-là ! Ce serait si drôle, si drôle ! Ce bon Souris. Voyons, voyons, ma chérie, tu peux bien me dire ça, à moi, à moi, surtout.

Il insistait sur « à moi », pensant bien que si elle avait eu quelque goût pour tromper Souris, c'est avec lui, Leuillet, qu'elle l'aurait fait ; et il frémissait de plaisir dans l'attente de cet aveu, sûr que si elle n'avait pas été la femme vertueuse qu'elle était, il l'aurait obtenue alors.

Mais elle ne répondait pas, riant toujours comme au souvenir d'une chose infiniment comique.

Leuillet, à son tour, se mit à rire à cette pensée qu'il aurait pu faire Souris cocu ! Quel bon tour ! Quelle belle farce ! Ah, oui, la bonne farce, vraiment !

Il balbutiait, tout secoué par sa joie :

« Ce pauvre Souris, ce pauvre Souris, ah,

oui, il en avait la tête ; ah, oui, ah, oui ! »

M^me Leuillet maintenant se tordait sous les draps, riant à pleurer, poussant presque des cris.

Et Leuillet répétait : « Allons, avoue-le, avoue-le. Sois franche. Tu comprends bien que ça ne peut pas m'être désagréable, à moi. »

Alors elle balbutia, en étouffant : « Oui, oui. »

Son mari insistait : « Oui, quoi ? voyons, dis tout. »

Elle ne rit plus que d'une façon discrète et, haussant la bouche jusqu'aux oreilles de Leuillet qui s'attendait à une agréable confidence, elle murmura : « Oui... je l'ai trompé. »

Il sentit un frisson de glace qui lui courut jusque dans les os, et bredouilla, éperdu : « Tu... tu... l'as... trompé... tout à fait ? »

Elle crut encore qu'il trouvait la chose infiniment plaisante et répondit : « Oui... tout à fait... tout à fait. »

Il fut obligé de s'asseoir dans le lit tant il se sentit saisi, la respiration coupée, bouleversé comme s'il venait d'apprendre qu'il était lui-même cocu.

Il ne dit rien d'abord ; puis, au bout de quelques secondes, il prononça simplement : « Ah ! »

Elle avait aussi cessé de rire, comprenant trop tard sa faute.

Leuillet, enfin, demanda : « Et avec qui ? »

Elle demeura muette, cherchant une argumentation.

Il reprit : « Avec qui ? »

Elle dit enfin : « Avec un jeune homme. »

Il se tourna vers elle brusquement, et, d'une voix sèche : « Je pense bien que ce n'est pas avec une cuisinière. Je te demande quel jeune homme, entends-tu ? »

Elle ne répondit rien. Il saisit le drap dont elle se couvrait la tête et le rejeta au milieu du lit, répétant :

— Je veux savoir avec quel jeune homme, entends-tu ?

Alors elle prononça péniblement : « Je voulais rire. »

Mais il frémissait de colère : « Quoi ? Comment ? Tu voulais rire ? Tu te moquais de moi, alors ? Mais je ne me paye pas de ces défaites-là, entends-tu ? Je te demande le nom du jeune homme ? »

Elle ne répondit pas, demeurant sur le dos, immobile.

Il lui prit le bras qu'il serra vivement : « M'entends-tu, à la fin ? Je prétends que tu me répondes quand je te parle. »

Alors elle prononça nerveusement : « Je

crois que tu deviens fou, laisse-moi tranquille ! »

Il tremblait de fureur, ne sachant plus que dire, exaspéré, et il la secouait de toute sa force, répétant : « M'entends-tu ? m'entends-tu ? »

Elle fit pour se dégager un geste brusque, et du bout des doigts atteignit le nez de son mari. Il eut une rage, se croyant frappé, et d'un élan il se rua sur elle.

Il la tenait maintenant sous lui, la giflant de toute sa force et criant : « Tiens, tiens, tiens, voilà, voilà, gueuse, catin ! catin ! »

Puis quand il fut essoufflé, à bout d'énergie, il se leva, et se dirigea vers la commode pour se préparer un verre d'eau sucrée à la fleur d'oranger, car il se sentait brisé à défaillir.

Et elle pleurait au fond du lit, poussant

de gros sanglots, sentant tout son bonheur fini, par sa faute.

Alors, au milieu des larmes, elle balbutia : « Ecoute, Antoine, viens ici, je t'ai menti, tu vas comprendre, écoute. »

Et, prête à la défense maintenant, armée de raisons et de ruses, elle souleva un peu sa tête ébouriffée dans son bonnet chaviré.

Et lui, se tournant vers elle, s'approcha, honteux d'avoir frappé, mais sentant vivre au fond de son cœur de mari une haine inépuisable contre cette femme qui avait trompé l'autre, Souris.

---

# L'ATTENTE

On causait, entre hommes, après dîner, dans le fumoir. On parlait de successions inattendues, d'héritages bizarres. Alors M. Le Brument, qu'on appelait tantôt l'illustre maître, tantôt l'illustre avocat, vint s'adosser à la cheminée.

— J'ai, dit-il, à rechercher en ce moment un héritier disparu dans des circonstances particulièrement terribles. C'est là un de ces drames simples et féroces de la vie commune ; une affaire qui peut arriver tous les jours, et qui est cependant une des plus épouvantables que je connaisse. La voici :

Je fus appelé, voici à peu près six mois, auprès d'une mourante. Elle me dit :

— Monsieur, je voudrais vous charger de la mission la plus délicate, la plus difficile et la plus longue qui soit. Prenez, s'il vous plaît, connaissance de mon testament, là, sur cette table. Une somme de cinq mille francs vous est léguée, comme honoraires, si vous ne réussissez pas, et de cent mille francs si vous réussissez. Il faut retrouver mon fils, après ma mort.

Elle me pria de l'aider à s'asseoir dans son lit, pour parler plus facilement, car sa voix saccadée, essoufflée, sifflait dans sa gorge.

Je me trouvais dans une maison fort riche. La chambre luxueuse, d'un luxe simple, était capitonnée avec des étoffes épaisses comme des murs, si douces à l'œil qu'elles donnaient une sensation de caresse, si muettes que les paroles semblaient y entrer, y disparaître, y mourir.

L'agonisante reprit :

— Vous êtes le premier être à qui je vais dire mon horrible histoire. Je tâcherai d'avoir la force d'aller jusqu'au bout. Il faut que vous n'ignoriez rien pour avoir, vous que je sais être un homme de cœur en même temps qu'un homme du monde, le désir sincère de m'aider de tout votre pouvoir.

» Écoutez-moi.

» Avant mon mariage, j'avais aimé un jeune homme dont ma famille repoussa la demande, parce qu'il n'était pas assez riche. J'épousai, peu de temps après, un homme fort riche. Je l'épousai par ignorance, par crainte, par obéissance, par nonchalance, comme épousent les jeunes filles.

» J'en eus un enfant, un garçon. Mon mari mourut au bout de quelques années.

» Celui que j'avais aimé s'était marié à son tour. Quand il me vit veuve, il éprouva une horrible douleur de n'être plus libre. Il me vint voir, il pleura et sanglota devant moi à me briser le cœur. Il devint mon ami. J'aurais dû, peut-être, ne le pas recevoir. Que voulez-vous ? j'étais seule, si triste, si seule, si désespérée ! Et je l'aimais encore. Comme on souffre, parfois !

» Je n'avais que lui au monde, mes parents étant morts aussi. Il venait souvent ; il passait des soirs entiers auprès de moi. Je n'aurais pas dû le laisser venir si souvent, puisqu'il était marié. Mais je n'avais pas la force de l'en empêcher.

» Que vous dirai-je ?... il devint mon amant ! Comment cela s'est-il fait ? Est-ce que je le sais ? Est-ce qu'on sait ! Croyez-vous qu'il puisse en être autrement quand deux créatures humaines sont poussées l'une vers l'autre par cette force irrésistible de l'amour partagé? Croyez-vous, monsieur, qu'on puisse toujours résister, toujours lutter, toujours refuser ce que demande avec des prières, des supplications, des larmes, des paroles affolantes, des agenouillements, des emportements de passion, l'homme qu'on adore, qu'on voudrait voir heureux en ses moindres désirs, qu'on voudrait accabler de toutes les joies possibles et qu'on désespère, pour obéir à l'honneur du monde? Quelle force il faudrait, quel renoncement au bonheur, quelle abnégation, et même quel égoïsme d'honnêteté, n'est-il pas vrai?

» Enfin, monsieur, je fus sa maîtresse; et je fus heureuse. Pendant douze ans, je fus heureuse. J'étais devenue, et c'est là ma plus grande faiblesse et ma grande lâcheté, j'étais devenue l'amie de sa femme.

» Nous élevions mon fils ensemble, nous en faisions un homme, un homme véritable, intelligent, plein de sens et de volonté, d'idées généreuses et larges. L'enfant atteignit dix-sept ans.

» Lui, le jeune homme, aimait mon... mon amant presque autant que je l'aimais moi-même, car il avait été également chéri et soigné par nous deux. Il l'appelait : « Bon ami » et le respectait infiniment. n'ayant jamais reçu de lui que des enseignements sages et des exemples de droiture, d'honneur et de probité. Il le considérait comme un vieux, loyal et dévoué camarade de sa mère, comme une sorte de père moral, de tuteur, de protecteur, que sais-je ?

» Peut-être ne s'était-il jamais rien demandé, accoutumé dès son plus jeune âge à voir cet homme dans la maison, près de moi, près de lui, occupé de nous sans cesse.

» Un soir, nous devions dîner tous les trois ensemble (c'étaient là mes plus grandes fêtes), et je les attendais tous les deux, me demandant lequel arriverait le premier. La porte s'ouvrit ; c'était mon vieil ami. J'allai vers lui, les bras tendus ; et il me mit sur les lèvres un long baiser de bonheur.

» Tout à coup un bruit, un frôlement, presque rien, cette sensation mystérieuse qui indique la présence d'une personne, nous fit tressaillir et nous retourner d'une secousse. Jean, mon fils, était là, debout, livide, nous regardant.

» Ce fut une seconde atroce d'affolement. Je reculai, tendant les mains vers mon enfant comme pour une prière. Je ne le vis plus. Il était parti.

» Nous sommes demeurés face à face, atterrés, incapables de parler. Je m'affaissai sur un fauteuil, et j'avais envie, une envie confuse et puissante de fuir, de m'en aller dans la nuit, de disparaître pour toujours. Puis des sanglots convulsifs m'emplirent la gorge, et je pleurai, secouée de spasmes, l'âme déchirée, tous les nerfs tordus par cette horrible sensation d'un irrémédiable malheur, et par cette honte épouvantable qui tombe sur le cœur d'une mère en ces moments-là.

» Lui... restait effaré devant moi, n'osant ni m'approcher, ni me parler, ni me toucher, de peur que l'enfant ne revînt. Il dit enfin :

» — Je vais le chercher... lui dire... lui faire comprendre... Enfin il faut que je le voie... qu'il sache...

» Et il sortit.

» J'attendis... j'attendis éperdue, tressaillant aux moindres bruits, soulevée de peur, et je ne sais de quelle émotion indicible et intolérable à chacun des petits craquements du feu dans la cheminée.

» J'attendis une heure, deux heures, sentant grandir en mon cœur une épouvante inconnue, une angoisse telle, que je ne souhaiterais point au plus criminel des hommes dix minutes de ces moments-là. Où était mon enfant? Que faisait-il?

» Vers minuit, un commissionnaire m'apporta un billet de mon amant. Je le sais encore par cœur :

» Votre fils est-il rentré? Je ne l'ai pas
» trouvé? Je suis en bas. Je ne veux pas
» monter à cette heure. »

» J'écrivis, au crayon, sur le même papier :

» Jean n'est pas revenu; il faut que vous
» le retrouviez. »

» Et je passai toute la nuit sur mon fauteuil, attendant.

» Je devenais folle. J'avais envie de hurler, de courir, de me rouler par terre. Et je ne faisais pas un mouvement, attendant toujours. Qu'allait-il arriver? Je cherchais à le savoir, à le deviner. Mais je ne le prévoyais point, malgré mes efforts, malgré les tortures de mon âme!

» J'avais peur maintenant qu'ils ne se rencontrassent. Que feraient-ils? Que ferait l'enfant? Des doutes effrayants me déchiraient, des suppositions affreuses.

» Vous comprenez bien cela, n'est-ce pas, monsieur?

» Ma femme de chambre, qui ne savait rien, qui ne comprenait rien, venait sans cesse, me croyant folle sans doute. Je la renvoyais d'une parole ou d'un geste. Elle alla chercher le médecin, qui me trouva tordue dans une crise de nerfs.

» On me mit au lit. J'eus une fièvre cérébrale.

» Quand je repris connaissance après une longue maladie, j'aperçus près de mon lit mon... amant... seul. Je criai : « Mon » fils ?... où est mon fils ? » Il ne répondit pas. Je balbutiai :

» — Mort... mort... il s'est tué ?

» Il répondit :

» — Non, non, je vous le jure. Mais nous ne l'avons pas pu rejoindre, malgré mes efforts.

» Alors, je prononçai, exaspérée soudain, indignée même, car on a de ces colères inexplicables et déraisonnables :

» — Je vous défends de revenir, de me revoir, si vous ne le retrouvez pas ; allez-vous-en.

» Il sortit.

» Je ne les ai jamais revus ni l'un ni l'autre, monsieur, et je vis ainsi depuis vingt ans.

» Vous figurez-vous cela ? Comprenez-vous ce supplice monstrueux, ce lent et constant déchirement de mon cœur de mère, de mon cœur de femme, cette attente abominable et sans fin... sans fin !...
— Non... — elle va finir... car je meurs. Je meurs sans les avoir revus... ni l'un... ni l'autre !

» Lui, mon ami, m'a écrit chaque jour depuis vingt ans ; et, moi, je n'ai jamais voulu le recevoir, même une seconde ; car il me semble que, s'il revenait ici, c'est juste à ce moment-là que je verrais reparaître mon fils ! — Mon fils ! — mon fils !
— Est-il mort ? Est-il vivant ? Où se cache-t-il ? Là-bas, peut-être, derrière les grandes mers, dans un pays si lointain que je n'en sais même pas le nom ! Pense-t-il à moi ?... Oh ! s'il savait ! Que les enfants sont cruels ! A-t-il compris à quelle épou-

vantable souffrance il me condamnait; dans quel désespoir, dans quelle torture il me jetait vivante, et jeune encore, pour jusqu'à mes derniers jours, moi, sa mère, qui l'aimais de toute la violence de l'amour maternel. Que c'est cruel, dites?

» Vous lui direz tout cela, monsieur. Vous lui répéterez mes dernières paroles :

» — Mon enfant, mon cher, cher enfant, sois moins dur pour les pauvres créatures. La vie est déjà assez brutale et féroce! Mon cher enfant, songe à ce qu'a été l'existence de ta mère, de ta pauvre mère, à partir du jour où tu l'as quittée. Mon cher enfant, pardonne-lui, et aime-la, maintenant qu'elle est morte, car elle a subi la plus affreuse des pénitences. »

Elle haletait, frémissante, comme si elle eût parlé à son fils, debout devant elle. Puis elle ajouta :

— Vous lui direz encore, monsieur, que je n'ai jamais revu... l'autre.

Elle se tut encore, puis reprit d'une voix brisée :

— Laissez-moi maintenant, je vous prie. Je voudrais mourir seule, puisqu'ils ne sont point auprès de moi.

Maître Le Brument ajouta :

— Et je suis sorti, messieurs, en pleurant comme une bête, si fort que mon cocher se retournait pour me regarder.

Et dire que, tous les jours, il se passe autour de nous un tas de drames comme celui-là !

Je n'ai pas retrouvé le fils... ce fils... Pensez-en ce que vous voudrez ; moi, je dis : ce fils... criminel.

# PREMIÈRE NEIGE

La longue promenade de la Croisette s'arrondit au bord de l'eau bleue. Là-bas, à droite, l'Esterel s'avance au loin dans la mer. Il barre la vue, fermant l'horizon par le joli décor méridional de ses sommets pointus, nombreux et bizarres.

A gauche les îles Sainte-Marguerite et Saint-Honorat, couchées dans l'eau, montrent leur dos, couvert de sapins.

Et tout le long du large golfe, tout le long des grandes montagnes assises autour de Cannes, le peuple blanc des villas semble endormi dans le soleil. On les voit au loin, les maisons claires, semées du haut en bas des monts, tachant de points de neige la verdure sombre.

Les plus proches de l'eau ouvrent leurs grilles sur la vaste promenade que viennent baigner les flots tranquilles. Il fait bon, il fait doux. C'est un tiède jour d'hiver où passe à peine un frisson de fraîcheur. Par-dessus les murs des jardins, on aperçoit les orangers et les citronniers pleins de fruits d'or. Des dames vont à pas lents sur le sable de l'avenue, suivies d'enfants qui roulent des cerceaux, ou causant avec des messieurs.

\*
\* \*

Une jeune dame vient de sortir de sa petite et coquette maison dont la porte est sur la Croisette. Elle s'arrête un instant à regarder les promeneurs, sourit et gagne, d'une allure accablée, un banc vide en face de la mer. Fatiguée d'avoir fait vingt pas, elle s'assied en haletant. Son pâle visage semble celui d'une morte. Elle tousse et porte à ses lèvres ses doigts transparents comme pour arrêter ces secousses qui l'épuisent.

Elle regarde le ciel plein de soleil et d'hirondelles, les sommets capricieux de l'Esterel là-bas, et, tout près, la mer si bleue, si tranquille, si belle.

Elle sourit encore, et murmure :

— Oh ! que je suis heureuse.

Elle sait pourtant qu'elle va mourir, qu'elle ne verra point le printemps, que dans un an, le long de la même promenade, ces mêmes gens qui passent devant elle viendront encore respirer l'air tiède de ce doux pays, avec leurs enfants un peu plus grands, avec le cœur toujours rempli d'espoirs, de tendresses, de bonheur, tandis qu'au fond d'un cercueil de chêne la pauvre chair qui lui reste encore aujourd'hui sera tombée en pourriture, laissant seulement ses os couchés dans la robe de soie qu'elle a choisie pour linceul.

Elle ne sera plus. Toutes les choses de la vie continueront pour d'autres. Ce sera fini pour elle, fini pour toujours. Elle ne sera plus. Elle sourit, et respire tant qu'elle peut, de ses poumons malades, les souffles parfumés des jardins.

Et elle songe.

\*
\* \*

Elle se souvient. On l'a mariée, voici quatre ans, avec un gentilhomme normand. C'était un fort garçon barbu, coloré, large d'épaules, d'esprit court et de joyeuse humeur.

On les accoupla pour des raisons de fortune qu'elle ne connut point. Elle aurait volontiers dit « non ». Elle fit « oui » d'un mouvement de tête, pour ne point contrarier père et mère. Elle était Parisienne, gaie, heureuse de vivre.

Son mari l'emmena en son château normand. C'était un vaste bâtiment de pierre entouré de grands arbres très vieux. Un haut massif de sapins arrêtait le regard en face. Sur la droite, une trouée donnait vue sur la plaine qui s'étalait, toute nue, jusqu'aux fermes lointaines. Un chemin de traverse passait devant la barrière et conduisait à la grand'route éloignée de trois kilomètres.

Oh ! elle se rappelle tout : son arrivée, sa première journée en sa nouvelle demeure, et sa vie isolée ensuite.

Quand elle descendit de voiture, elle

regarda le vieux bâtiment et déclara en riant :

— Ça n'est pas gai !

Son mari se mit à rire à son tour et répondit :

— Baste ! on s'y fait. Tu verras. Je ne m'y ennuie jamais, moi.

Ce jour-là, ils passèrent le temps à s'embrasser, et elle ne le trouva pas trop long. Le lendemain ils recommencèrent et toute la semaine, vraiment, fut mangée par les caresses.

Puis elle s'occupa d'organiser son intérieur. Cela dura bien un mois. Les jours passaient l'un après l'autre, en des occupations insignifiantes et cependant absorbantes. Elle apprenait la valeur et l'importance des petites choses de la vie. Elle sut qu'on peut s'intéresser au prix des œufs qui coûtent quelques centimes de plus ou de moins suivant les saisons.

C'était l'été. Elle allait aux champs voir moissonner. La gaieté du soleil entretenait celle de son cœur.

L'automne vint. Son mari se mit à chasser. Il sortait le matin avec ses deux chiens Médor et Mirza. Elle restait seule alors, sans s'attrister d'ailleurs de l'absence d'Henry. Elle l'aimait bien, pourtant, mais il ne lui manquait pas. Quand il rentrait, les chiens surtout absorbaient sa tendresse. Elle les soignait chaque soir avec une affection de mère, les caressait sans fin, leur donnait mille petits noms charmants qu'elle n'eût point eu l'idée d'employer pour son mari.

Il lui racontait invariablement sa chasse. Il désignait les places où il avait rencontré les perdrix; s'étonnait de n'avoir point trouvé de lièvre dans le trèfle de Joseph Ledentu, ou bien paraissait indigné du procédé de M. Lechapelier, du Havre, qui suivait sans cesse la lisière de ses terres pour tirer le gibier levé par lui, Henry de Parville.

Elle répondait :

— Oui, vraiment, ce n'est pas bien, en pensant à autre chose.

L'hiver vint, l'hiver normand, froid et pluvieux. Les interminables averses tombaient sur les ardoises du grand toit anguleux, dressé comme une lame vers le ciel. Les chemins semblaient des fleuves de boue ; la campagne, une plaine de boue ; et on n'entendait aucun bruit que celui de l'eau tombant ; on ne voyait aucun mouvement que le vol tourbillonnant des corbeaux qui se déroulait comme un nuage, s'abattait dans un champ, puis repartait.

Vers quatre heures, l'armée des bêtes sombres et volantes venait se percher dans les grands hêtres à gauche du château, en poussant des cris assourdissants. Pendant près d'une heure, ils voletaient de cime en cime, semblaient se battre, croassaient, mettaient dans le branchage grisâtre un mouvement noir.

Elle les regardait, chaque soir, le cœur serré, toute pénétrée par la lugubre mélancolie de la nuit tombant sur les terres désertes.

Puis elle sonnait pour qu'on apportât la lampe ; et elle se rapprochait du feu. Elle brûlait des monceaux de bois sans parvenir à échauffer les pièces immenses envahies par l'humidité. Elle avait froid tout le jour, partout, au salon, aux repas, dans sa chambre. Elle avait froid jusqu'aux os, lui semblait-il. Son mari ne rentrait que pour dîner, car il chassait sans cesse, ou bien s'occupait des semences, des labours, de toutes les choses de la campagne.

Il rentrait joyeux et crotté, se frottait les mains, déclarait :

— Quel fichu temps !

Ou bien :

— C'est bon d'avoir du feu !

Ou parfois il demandait :

— Qu'est-ce qu'on dit aujourd'hui ? Est-on contente ?

Il était heureux, bien portant, sans désirs, ne rêvant pas autre chose que cette vie simple, saine et tranquille.

Vers décembre, quand les neiges arrivèrent, elle souffrit tellement de l'air glacé du château, du vieux château qui semblait s'être refroidi avec les siècles, comme font les humains avec les ans, qu'elle demanda, un soir, à son mari :

— Dis donc, Henry, tu devrais bien faire mettre ici un calorifère ; cela sécherait les murs. Je t'assure que je ne peux pas me réchauffer du matin au soir.

Il demeura d'abord interdit à cette idée extravagante d'installer un calorifère en son manoir. Il lui eût semblé plus naturel de servir ses chiens dans de la vaisselle plate. Puis il poussa, de toute la vigueur de sa poitrine, un rire énorme, en répétant :

— Un calorifère ici ! Un calorifère ici ! Ah ! ah ! ah ! quelle bonne farce !

Elle insistait :

— Je t'assure qu'on gèle, mon ami ; tu ne t'en aperçois pas, parce que tu es toujours en mouvement, mais on gèle.

Il répondit, en riant toujours :

— Baste ! on s'y fait, et d'ailleurs c'est excellent pour la santé. Tu ne t'en porteras que mieux. Nous ne sommes pas des Parisiens, sacrebleu ! pour vivre dans les tisons.

8.

Et, d'ailleurs, voici le printemps tout à l'heure.

*\*
\* \**

Vers le commencement de janvier un grand malheur la frappa. Son père et sa mère moururent d'un accident de voiture. Elle vint à Paris pour les funérailles. Et le chagrin occupa seul son esprit pendant six mois environ.

La douceur des beaux jours finit par la réveiller, et elle se laissa vivre dans un alanguissement triste jusqu'à l'automne.

Quand revinrent les froids, elle envisagea, pour la première fois, le sombre avenir. Que ferait-elle ? Rien. Qu'arriverait-il désormais pour elle ? Rien. Quelle attente, quelle espérance pouvaient ranimer son cœur ? Aucune. Un médecin, consulté, avait déclaré qu'elle n'aurait jamais d'enfants.

Plus âpre, plus pénétrant encore que l'autre année, le froid la faisait continuellement souffrir. Elle tendait aux grandes flammes ses mains grelottantes. Le feu flamboyant lui brûlait le visage; mais des souffles glacés semblaient se glisser dans son dos, pénétrer entre la chair et les étoffes. Et elle frémissait de la tête aux pieds. Des courants d'air innombrables paraissaient installés dans les appartements, des courants d'air vivants, sournois, acharnés comme des ennemis. Elle les rencontrait à tout instant; ils lui soufflaient sans cesse, tantôt sur le visage, tantôt sur les mains, tantôt sur le cou, leur haleine perfide et gelée.

Elle parla de nouveau d'un calorifère; mais son mari l'écouta comme si elle lui eût demandé la lune. L'installation d'un appareil semblable à Parville lui paraissait aussi impossible que la découverte de la pierre philosophale.

Ayant été à Rouen, un jour, pour affaires, il rapporta à sa femme une mignonne chaufferette de cuivre qu'il appelait en riant un « calorifère portatif »; et il jugeait que cela suffirait désormais à l'empêcher d'avoir jamais froid.

Vers la fin de décembre, elle comprit qu'elle ne pourrait vivre ainsi toujours, et elle demanda timidement, un soir, en dînant :

— Dis'donc, mon ami, est-ce que nous n'irons point passer une semaine ou deux à Paris avant le printemps?

Il fut stupéfait.

— A Paris? à Paris? Mais pourquoi faire? Ah! mais non, par exemple! On est trop bien ici, chez soi. Quelles drôles d'idées tu as par moments!

Elle balbutia :

— Cela nous distrairait un peu.

Il ne comprenait pas :

— Qu'est-ce qu'il te faut pour te distraire? Des théâtres, des soirées, des dîners en ville? Tu savais pourtant bien en venant ici que tu ne devais pas t'attendre à des distractions de cette nature !

Elle vit un reproche dans ces paroles et dans le ton dont elles étaient dites. Elle se tut. Elle était timide et douce, sans révoltes et sans volonté.

En janvier, les froids revinrent avec violence. Puis la neige couvrit la terre.

Un soir, comme elle regardait le grand nuage tournoyant des corbeaux se déployer autour des arbres, elle se mit, malgré elle, à pleurer.

Son mari entrait. Il demanda tout surpris :

— Qu'est-ce que tu as donc ?

Il était heureux, lui, tout à fait heureux, n'ayant jamais rêvé une autre vie, d'autres plaisirs. Il était né dans ce triste pays, il y avait grandi. Il s'y trouvait bien, chez lui, à son aise de corps et d'esprit.

Il ne comprenait pas qu'on pût désirer des événements, avoir soif de joies changeantes ; il ne comprenait point qu'il ne semble pas naturel à certains êtres de demeurer aux mêmes lieux pendant les quatre saisons ; il semblait ne pas savoir que le printemps, que l'été, que l'automne, que l'hiver ont, pour des multitudes de personnes, des plaisirs nouveaux en des contrées nouvelles.

Elle ne pouvait rien répondre et s'essuyait vivement les yeux. Elle balbutia enfin, éperdue :

— J'ai... je... je suis un peu triste... je m'ennuie un peu...

# PREMIÈRE NEIGE

Mais une terreur la saisit d'avoir dit cela, et elle ajouta bien vite :

— Et puis... j'ai... j'ai un peu froid.

A cette parole, il s'irrita :

— Ah ! oui... toujours ton idée de calorifère. Mais voyons, sacrebleu ! tu n'as seulement pas eu un rhume depuis que tu es ici.

\* \*

La nuit vint. Elle monta dans sa chambre, car elle avait exigé une chambre séparée. Elle se coucha. Même en son lit, elle avait froid. Elle pensait :

— Ce sera ainsi toujours, toujours, jusqu'à la mort.

Et elle songeait à son mari. Comment avait-il pu lui dire cela :

« Tu n'as seulement pas eu un rhume depuis que tu es ici. »

Il fallait donc qu'elle fût malade, qu'elle toussât pour qu'il comprît qu'elle souffrait !

Et une indignation la saisit, une indignation exaspérée de faible, de timide.

Il fallait qu'elle toussât. Alors il aurait pitié d'elle, sans doute. Eh bien ! elle tousserait ; il l'entendrait tousser ; il faudrait appeler le médecin ; il verrait cela, son mari, il verrait !

Elle s'était levée nu-jambes, nu-pieds, et une idée enfantine la fit sourire :

— Je veux un calorifère, et je l'aurai. Je tousserai tant, qu'il faudra bien qu'il se décide à en installer un.

Et elle s'assit presque nue, sur une chaise. Elle attendit une heure, deux heures. Elle grelottait, mais elle ne s'enrhumait pas. Alors elle se décida à employer les grands moyens.

Elle sortit de sa chambre sans bruit, descendit l'escalier, ouvrit la porte du jardin.

La terre, couverte de neige, semblait morte. Elle avança brusquement son pied nu et l'enfonça dans cette mousse légère et glacée. Une sensation de froid, douloureuse comme une blessure, lui monta jusqu'au cœur; cependant elle allongea l'autre jambe et se mit à descendre les marches, lentement.

Puis elle s'avança à travers le gazon, se disant :

— J'irai jusqu'aux sapins.

Elle allait à petits pas, en haletant, suffoquée chaque fois qu'elle faisait pénétrer son pied nu dans la neige.

Elle toucha de la main le premier sapin, comme pour bien se convaincre elle-même qu'elle avait accompli jusqu'au bout son projet; puis elle revint. Elle crut deux ou trois fois qu'elle allait tomber, tant elle se sentait engourdie et défaillante. Avant de rentrer toutefois, elle s'assit dans cette écume gelée, et même, elle en ramassa pour se frotter la poitrine.

Puis elle rentra et se coucha. Il lui sembla, au bout d'une heure, qu'elle avait une fourmilière dans la gorge. D'autres fourmis lui couraient le long des membres. Elle dormit cependant.

Le lendemain elle toussait, et elle ne put se lever.

Elle eut une fluxion de poitrine. Elle délira, et dans son délire elle demandait un calorifère. Le médecin exigea qu'on en installât un. Henry céda, mais avec une répugnance irritée.

\* \*

Elle ne put guérir. Les poumons atteints

profondément donnaient des inquiétudes pour sa vie.

— Si elle reste ici, elle n'ira pas jusqu'aux froids, dit le médecin.

On l'envoya dans le Midi.

Elle vint à Cannes, connut le soleil, aima la mer, respira l'air des orangers en fleur.

Puis elle retourna dans le Nord au printemps.

Mais elle vivait maintenant avec la peur de guérir, avec la peur des longs hivers de Normandie ; et, sitôt qu'elle allait mieux, elle ouvrait, la nuit, sa fenêtre, en songeant aux doux rivages de la Méditerranée.

A présent, elle va mourir ; elle le sait. Elle est heureuse.

Elle déploie un journal qu'elle n'avait point ouvert, et lit ce titre : « La première neige à Paris. »

Alors elle frissonne, et puis sourit. Elle

regarde là-bas l'Esterel qui devient rose sous le soleil couchant ; elle regarde le vaste ciel bleu, si bleu, la vaste mer bleue, si bleue, et se lève.

Et puis elle rentre, à pas lents, s'arrêtant seulement pour tousser, car elle est demeurée trop tard dehors, et elle a eu froid, un peu froid.

Elle trouve une lettre de son mari. Elle l'ouvre en souriant toujours, et elle lit :

« Ma chère amie,

» J'espère que tu vas bien et que tu ne regrettes pas trop notre beau pays. Nous avons depuis quelques jours une bonne gelée qui annonce la neige. Moi, j'adore ce temps-là et tu comprends que je me garde bien d'allumer ton maudit calorifère... »

Elle cesse de lire, tout heureuse à cette idée qu'elle l'a eu, son calorifère. Sa main droite, qui tient la lettre, retombe lentement sur ses genoux, tandis qu'elle porte à sa bouche sa main gauche comme pour calmer la toux opiniâtre qui lui déchire la poitrine.

# LA FARCE

## MÉMOIRES D'UN FARCEUR

Nous vivons dans un siècle où les farceurs ont des allures de croque-morts et se nomment : politiciens. On ne fait plus chez nous la vraie farce, la bonne farce, la farce joyeuse, saine et simple de nos pères. Et, pourtant, quoi de plus amusant et de plus drôle que la farce? Quoi de plus amusant que de mystifier des âmes crédules, que de bafouer des niais, de duper les plus malins, de faire tomber les plus retors en des pièges inoffensifs et comiques? Quoi de plus délicieux que de se moquer des gens avec talent, de les forcer à rire eux-mêmes de leur naïveté, ou bien, quand ils se fâchent, de se venger par une nouvelle farce ?

Oh ! j'en ai fait, j'en ai fait des farces, dans mon existence. Et on m'en a fait aussi, morbleu ! et de bien bonnes. Oui, j'en ai fait, de désopilantes et de terribles. Une de mes victimes est morte des suites. Ce ne fut une perte pour personne. Je dirai cela un jour ; mais j'aurai grand mal à le faire avec retenue, car ma farce n'était pas convenable, mais pas du tout, pas du tout. Elle eut lieu dans un petit village des environs de Paris. Tous les témoins pleurent encore de rire à ce souvenir, bien que le mystifié en soit mort. Paix à son âme !

J'en veux aujourd'hui raconter deux, la dernière que j'ai subie et la première que j'ai infligée.

Commençons par la dernière, car je la

trouve moins amusante, vu que j'en fus victime.

J'allais chasser, à l'automne, chez des amis, en un château de Picardie. Mes amis étaient des farceurs, bien entendu. Je ne veux pas connaître d'autres gens.

Quand j'arrivai on me fit une réception princière qui me mit en défiance. On tira des coups de fusil; on m'embrassa, on me cajola comme si on attendait de moi de grands plaisirs; je me dis : « Attention, vieux furet, on prépare quelque chose. »

Pendant le dîner la gaîté fut excessive, trop grande. Je pensais : « Voilà des gens qui s'amusent double, et sans raison apparente. Il faut qu'ils aient dans l'esprit l'attente de quelque bon tour. C'est à moi qu'on le destine assurément. Attention. »

Pendant toute la soirée on rit avec exagération. Je sentais dans l'air une farce, comme le chien sent le gibier. Mais quoi? J'étais en éveil, en inquiétude. Je ne laissais passer ni un mot, ni une intention, ni un geste. Tout me semblait suspect, jusqu'à la figure des domestiques.

L'heure de se coucher sonna, et voilà qu'on se mit à me reconduire à ma chambre en procession. Pourquoi? On me cria bonsoir. J'entrai, je fermai ma porte, et je demeurai debout, sans faire un pas, ma bougie à la main.

J'entendais rire et chuchoter dans le corridor. On m'épiait sans doute. Et j'inspectais de l'œil les murs, les meubles, le plafond, les tentures, le parquet. Je n'aperçus rien de suspect. J'entendis marcher derrière ma porte. On venait assurément regarder à la serrure.

Une idée me vint : « Ma lumière va peut-être s'éteindre tout à coup et me laisser dans l'obscurité. » Alors j'allumai toutes les bougies de la cheminée. Puis je regardai encore autour de moi sans rien découvrir. J'avançai à petits pas faisant le tour de l'appartement. — Rien. — J'inspectai tous les objets l'un après l'autre. — Rien. — Je m'approchai de la fenêtre. Les auvents, de gros auvents en bois plein, étaient demeurés ouverts. Je les fermai avec soin, puis je tirai les rideaux, d'énormes rideaux de velours, et je plaçai une chaise devant, afin de n'avoir rien à craindre du dehors.

Alors je m'assis avec précaution. Le fauteuil était solide. Je n'osais pas me coucher. Cependant le temps marchait. Et je finis par reconnaître que j'étais ridicule. Si on m'espionnait, comme je le supposais, on devait, en attendant le succès de la mystification préparée, rire énormément de ma terreur.

Je résolus donc de me coucher. Mais le lit

m'était particulièrement suspect. Je tirai sur les rideaux. Ils semblaient tenir. Là était le danger pourtant. J'allais peut-être recevoir une douche glacée du ciel-de-lit, ou bien, à peine étendu, m'enfoncer sous terre avec mon sommier. Je cherchais en ma mémoire tous les souvenirs de farces accomplies. Et je ne voulais pas être pris. Ah! mais non! Ah! mais non!

Alors je m'avisai soudain d'une précaution que je jugeai souveraine. Je saisis délicatement le bord du matelas, et je le tirai vers moi avec douceur. Il vint, suivi du drap et des couvertures. Je traînai tous ces objets au beau milieu de la chambre, en face de la porte d'entrée. Je refis là mon lit, le mieux que je pus, loin de la couche suspecte et de l'alcôve inquiétante. Puis, j'éteignis toutes les lumières, et je revins à tâtons me glisser dans mes draps.

Je demeurai au moins encore une heure éveillé, tressaillant au moindre bruit. Tout semblait calme dans le château. Je m'endormis.

J'ai dû dormir longtemps, et d'un profond sommeil ; mais soudain je fus réveillé en sursaut par la chute d'un corps pesant abattu sur le mien, et, en même temps, je reçus sur la figure, sur le cou, sur la poitrine un liquide brûlant qui me fit pousser un hurlement de douleur. Et un bruit épouvantable comme si un buffet chargé de vaisselle se fût écroulé m'entra dans les oreilles.

J'étouffais sous la masse tombée sur moi, et qui ne remuait plus. Je tendis les mains, cherchant à reconnaître la nature de cet objet. Je rencontrai une figure, un nez, des favoris. Alors, de toute ma force, je lançai un coup de poing dans ce visage. Mais je reçus immédiatement une grêle de gifles qui me firent sortir, d'un bond, de mes draps trempés, et me sauver, en chemise, dans le corridor, dont j'apercevais la porte ouverte.

O stupeur ! il faisait grand jour. On accourut au bruit et on trouva, étendu sur mon lit, le valet de chambre éperdu qui, m'apportant le thé du matin, avait rencontré sur sa route ma couche improvisée, et m'était tombé sur le ventre en me versant, bien malgré lui, mon déjeuner sur la figure.

Les précautions prises de bien fermer les auvents et de me coucher au milieu de ma chambre m'avaient seules fait la farce redoutée.

Ah ! on a ri, ce jour-là !

\* \*

L'autre farce que je veux dire date de ma première jeunesse. J'avais quinze ans, et je venais passer chaque vacance chez mes parents, toujours dans un château, toujours en Picardie.

Nous avions souvent en visite une vieille dame d'Amiens, insupportable, prêcheuse, hargneuse, grondeuse, mauvaise et vindicative. Elle m'avait pris en haine, je ne sais pourquoi, et elle ne cessait de rapporter contre moi, tournant en mal mes moindres paroles et mes moindres actions. Oh ! la vieille chipie !

Elle s'appelait M<sup>me</sup> Dufour, portait une perruque du plus beau noir, bien qu'elle fût âgée d'au moins soixante ans, et posait là-dessus des petits bonnets ridicules à rubans roses. On la respectait parce qu'elle était riche. Moi, je la détestais du fond du cœur et je résolus de me venger de ses mauvais procédés.

Je venais de terminer ma classe de seconde et j'avais été frappé particulièrement, dans le cours de chimie, par les propriétés d'un corps qui s'appelle le phosphure de calcium, et qui, jeté dans l'eau, s'enflamme, détone et dégage des couronnes de vapeur blanche d'une odeur infecte. J'avais chipé, pour m'amuser pendant les vacances, quelques poignées de cette matière assez semblable à l'œil à ce qu'on nomme communément du cristau.

J'avais un cousin du même âge que moi. Je lui communiquai mon projet. Il fut effrayé de mon audace.

Donc, un soir, pendant que toute la famille se tenait encore au salon, je pénétrai furtivement dans la chambre de M<sup>me</sup> Dufour, et je m'emparai (pardon, mesdames) d'un récipient de forme ronde qu'on cache ordinairement non loin de la tête du lit. Je m'assurai qu'il était parfaitement sec et je déposai dans le fond une poignée, une grosse poignée, de phosphure de calcium.

Puis j'allai me cacher dans le grenier, attendant l'heure. Bientôt un bruit de voix et de pas m'annonça qu'on montait dans les appartements; puis le silence se fit. Alors, je descendis nu-pieds, retenant mon souffle, et j'allai placer mon œil à la serrure de mon ennemie.

Elle rangeait avec soin ses petites affaires. Puis elle ôta peu à peu ses hardes, endossa un grand peignoir blanc qui semblait collé sur ses os. Elle prit un verre, l'emplit d'eau, et enfonçant une main dans sa bouche comme si elle eût voulu s'arracher la langue, elle en fit sortir quelque chose de rose et de blanc, qu'elle déposa aussitôt dans l'eau. J'eus peur comme si je venais d'assister à quelque mystère honteux et terrible. Ce n'était que son râtelier.

Puis elle enleva sa perruque brune et

apparut avec un petit crâne poudré de quelques cheveux blancs, si comique que je faillis, cette fois, éclater de rire derrière la porte. Puis elle fit sa prière, se releva, s'approcha de mon instrument de vengeance, le déposa par terre au milieu de la chambre, et, se baissant, le recouvrit entièrement de son peignoir.

J'attendais, le cœur palpitant. Elle était tranquille, contente, heureuse. J'attendais... heureux aussi, moi, comme on l'est quand on se venge.

J'entendis d'abord un très léger bruit, un clapotement, puis aussitôt une série de détonations sourdes comme une fusillade lointaine.

Il se passa, en une seconde, sur le visage de M<sup>me</sup> Dufour, quelque chose d'affreux et de surprenant. Ses yeux s'ouvrirent, se fermèrent, se rouvrirent, puis elle se leva tout à coup avec une souplesse dont je ne l'aurais pas crue capable, et elle regarda...

L'objet blanc crépitait, détonait, plein de flammes rapides et flottantes comme le feu grégeois des anciens. Et une fumée épaisse s'en élevait, montant vers le plafond, une fumée mystérieuse, effrayante comme un sortilège.

Que dut-elle penser, la pauvre femme? Crut-elle à une ruse du Diable? A une maladie épouvantable? Crut-elle que ce feu, sorti d'elle, allait lui ronger les entrailles, jaillir comme d'une gueule de volcan ou la faire éclater comme un canon trop chargé.

Elle demeurait debout, folle d'épouvante, le regard tendu sur le phénomène. Puis tout à coup elle poussa un cri comme je n'en ai jamais entendu et s'abattit sur le dos.

Je me sauvai et je m'enfonçai dans mon lit et je fermai les yeux avec force comme pour me prouver à moi-même que je n'avais rien fait, rien vu, que je n'avais pas quitté ma chambre.

Je me disais : « Elle est morte ! Je l'ai tuée ! » Et j'écoutais anxieusement les rumeurs de la maison.

On allait ; on venait ; on parlait ; puis, j'entendis qu'on riait ; puis, je reçus une pluie de calottes envoyées par la main paternelle.

Le lendemain, M^me Dufour était fort pâle. Elle buvait de l'eau à tout moment. Peut-être, malgré les assurances du médecin, essayait-elle d'éteindre l'incendie qu'elle croyait enfermé dans son flanc.

Depuis ce jour, quand on parle devant elle de maladie, elle pousse un profond soupir, et murmure : « Oh ! madame, si vous saviez ! Il y a des maladies si singulières... »

Elle n'en dit jamais davantage.

# LETTRE
## TROUVÉE SUR UN NOYÉ

Vous me demandez, madame, si je me moque de vous ? Vous ne pouvez croire qu'un homme n'ait jamais été frappé par l'amour ? Eh bien, non, je n'ai jamais aimé, jamais !

D'où vient cela? Je n'en sais rien. Jamais je ne me suis trouvé dans cette espèce d'ivresse du cœur qu'on nomme l'amour ! Jamais je n'ai vécu dans ce rêve, dans cette exaltation, dans cette folie où nous jette l'image d'une femme. Je n'ai jamais été poursuivi, hanté, enfiévré, emparadisé par l'attente ou la possession d'un être devenu tout à coup pour moi plus désirable que tous les bonheurs, plus beau que toutes les créatures, plus important que tous les univers ! Je n'ai jamais pleuré, je n'ai jamais souffert par aucune de vous. Je n'ai point passé les nuits, les yeux ouverts, en pensant à elle. Je ne connais pas les réveils qu'illuminent sa pensée et son souvenir. Je ne connais pas l'énervement affolant de l'espérance quand elle va venir, et la divine mélancolie du regret, quand elle s'est enfuie en laissant dans la chambre une odeur légère de violette et de chair.

Je n'ai jamais aimé.

Moi aussi je me suis demandé souvent pourquoi cela. Et vraiment, je ne sais trop. J'ai trouvé des raisons cependant; mais elles touchent à la métaphysique et vous ne les goûterez peut-être point.

Je crois que je juge trop les femmes pour subir beaucoup leur charme. Je vous demande pardon de cette parole. Je l'explique. Il y a, dans toute créature, l'être moral et l'être physique. Pour aimer, il me faudrait rencontrer entre ces deux êtres une harmonie que je n'ai jamais trouvée. Toujours l'un des deux l'emporte trop sur l'autre, tantôt le moral tantôt le physique.

L'intelligence que nous avons le droit d'exiger d'une femme, pour l'aimer, n'a rien de l'intelligence virile. C'est plus et c'est moins. Il faut qu'une femme ait l'esprit ouvert, délicat, sensible, fin, impressionnable. Elle n'a besoin ni de puissance, ni d'initiative dans la pensée, mais il est nécessaire qu'elle ait de la bonté, de l'élégance, de la tendresse, de la coquetterie, et cette faculté d'assimilation qui la fait pareille, en peu de temps, à celui qui partage sa vie. Sa plus grande qualité doit être le tact, ce sens subtil qui est pour l'esprit ce qu'est le toucher pour le corps. Il lui révèle mille choses menues, les contours, les angles et les formes dans l'ordre intellectuel.

Les jolies femmes, le plus souvent, n'ont point une intelligence en rapport avec leur personne. Or, le moindre défaut de concordance me frappe et me blesse du premier coup. Dans l'amitié, cela n'a point d'importance. L'amitié est un pacte, où l'on fait la part des défauts et des qualités. On peut juger un ami et une amie, tenir compte de ce qu'ils ont de bon, négliger ce qu'ils ont de mauvais et apprécier exactement leur valeur, tout en s'abandonnant à une sympathie intime, profonde et charmante.

Pour aimer il faut être aveugle, se livrer entièrement, ne rien voir, ne rien raisonner, ne rien comprendre. Il faut pouvoir adorer les faiblesses autant que les beautés, renoncer à tout jugement, à toute réflexion, à toute perspicacité.

Je suis incapable de cet aveuglement, et rebelle à la séduction irraisonnée.

Ce n'est pas tout. J'ai de l'harmonie une idée tellement haute et subtile que rien, jamais, ne réalisera mon idéal. Mais vous allez me traiter de fou ! Écoutez-moi. Une femme, à mon avis, peut avoir une âme délicieuse et un corps charmant sans que ce corps et cette âme concordent parfaitement ensemble. Je veux dire que les gens qui ont le nez fait d'une certaine façon ne doivent pas penser d'une certaine manière. Les gras n'ont pas le droit de se servir des mêmes mots et des mêmes phrases que les maigres. Vous, qui avez les yeux bleus, madame, vous ne pouvez pas envisager l'existence, juger les choses et les événements comme si vous aviez les yeux noirs. Les nuances de votre regard doivent correspondre fatalement aux nuances de votre pensée. J'ai, pour sentir cela, un flair de limier. Riez si vous voulez. C'est ainsi.

J'ai cru aimer, pourtant, pendant une heure, un jour. J'avais subi niaisement l'influence des circonstances environnantes. Je m'étais laissé séduire par le mirage d'une aurore. Voulez-vous que je vous raconte cette courte histoire?

\*
\* \*

J'avais rencontré, un soir, une jolie petite personne exaltée qui voulut, par une fantaisie poétique, passer une nuit avec moi, dans un bateau, sur une rivière. J'aurais préféré une chambre et un lit; j'acceptai cependant le fleuve et le canot.

C'était au mois de juin. Mon amie choisit une nuit de lune afin de pouvoir se mieux monter la tête.

Nous avons dîné dans une auberge, sur la rive, puis vers dix heures on s'embarqua. Je trouvais l'aventure fort bête, mais comme ma compagne me plaisait je ne me fâchai pas trop. Je m'assis sur le banc, en face d'elle, je pris les rames, et nous partîmes.

Je ne pouvais nier que le spectacle ne fût charmant. Nous suivions une île boisée, pleine de rossignols; et le courant nous emportait vite sur la rivière couverte de frissons d'argent. Les crapauds jetaient leur cri monotone et clair; les grenouilles s'égosillaient dans les herbes des bords, et le glissement de l'eau qui coule faisait autour de nous une sorte de bruit confus, presque insaisissable, inquiétant, et nous donnait une vague sensation de peur mystérieuse.

Le charme doux des nuits tièdes et des fleuves luisants sous la lune nous pénétrait. Il faisait bon vivre et flotter ainsi, et rêver et sentir près de soi une jeune femme, attendrie et belle.

J'étais un peu ému, un peu troublé, un peu grisé par la clarté pâle du soir et par la pensée de ma voisine.

« Asseyez-vous près de moi, » dit-elle. J'obéis. Elle reprit : « Dites-moi des vers. » Je trouvai que c'était trop ; je refusai ; elle insista. Elle voulait décidément le grand jeu, tout l'orchestre du sentiment, depuis la Lune jusqu'à la Rime. Je finis par céder, et je lui récitai, par moquerie, une délicieuse pièce de Louis Bouilhet, dont voici les dernières strophes :

Je déteste surtout ce barde à l'œil humide
Qui regarde une étoile en murmurant un nom
Et pour qui la nature immense serait vide,
S'il ne portait en croupe ou Lisette ou Ninon.

Ces gens-là sont charmants qui se donnent la peine,
Afin qu'on s'intéresse à ce pauvre univers,
D'attacher des jupons aux arbres de la plaine
Et la cornette blanche au front des coteaux verts.

Certe ils n'ont pas compris les musiques divines,
Eternelle nature aux frémissantes voix,
Ceux qui ne vont pas seuls par les creuses ravines
Et rêvent d'une femme au bruit que font les bois.

Je m'attendais à des reproches. Pas du tout. Elle murmura : « Comme c'est vrai. » Je demeurai stupéfait. Avait-elle compris ?

Notre barque, peu à peu, s'était approchée de la berge et engagée sous un saule qui l'arrêta. J'enlaçai la taille de ma compagne et, tout doucement, j'approchai mes lèvres de son cou. Mais elle me repoussa d'un mouvement brusque et irrité : « Finissez donc ! Êtes-vous grossier ! »

J'essayais de l'attirer. Elle se débattit, saisit l'arbre et faillit nous jeter à l'eau. Je jugeai prudent de cesser mes poursuites. Elle dit : « Je vous ferai plutôt chavirer. Je suis si bien. Je rêve. C'est si bon. » Puis elle ajouta avec une malice dans l'accent : « Avez-vous donc oublié déjà les vers que vous venez de me réciter ? » — C'était juste. Je me tus.

Elle reprit : « Allons, ramez. » Et je m'emparai de nouveau des avirons.

Je commençais à trouver longue la nuit et ridicule mon attitude. Ma compagne me demanda : « Voulez-vous me faire une promesse ? »

— Oui. — Laquelle ?

— Celle de demeurer tranquille, convenable et discret si je vous permets...

— Quoi ? dites.

— Voilà. Je voudrais rester couchée sur le dos, au fond de la barque, à côté de vous, en regardant les étoiles.

Je m'écriai : « J'en suis. »

Elle reprit : « Vous ne me comprenez pas. Nous allons nous étendre côte à côte. Mais je vous défends de me toucher, de m'embrasser, enfin de... de... me... caresser. »

Je promis. Elle annonça : « Si vous remuez, je chavire ».

Et nous voici couchés côte à côte, les yeux au ciel, allant au fil de l'eau. Les vagues mouvements du canot nous berçaient. Les légers bruits de la nuit nous arrivaient maintenant plus distincts dans le fond de l'embarcation, nous faisaient parfois tressaillir. Et je sentais grandir en moi une étrange et poignante émotion, un attendrissement infini, quelque chose comme un besoin d'ouvrir mes bras pour étreindre et d'ouvrir mon cœur pour aimer, de me donner, de donner mes pensées, mon corps, ma vie, tout mon être à quelqu'un !

Ma compagne murmura, comme dans un songe : « Où sommes-nous ? Où allons-nous ? Il me semble que je quitte la terre ? Comme c'est doux ! Oh ! si vous m'aimiez... un peu !!! »

Mon cœur se mit à battre. Je ne pus rien répondre ; il me sembla que je l'aimais. Je n'avais plus aucun désir violent. J'étais bien ainsi, à côté d'elle, et cela me suffisait.

Et nous sommes restés longtemps, longtemps sans bouger. Nous nous étions pris la main ; une force délicieuse nous immobilisait : une force inconnue, supérieure, une Alliance, chaste, intime, absolue de nos êtres voisins qui s'appartenaient, sans se toucher ! Qu'était cela ? Le sais-je ? L'amour, peut-être ?

Le jour naissait peu à peu. Il était trois heures du matin. Lentement une grande clarté envahissait le ciel. Le canot heurta quelque chose. Je me dressai. Nous avions abordé un petit îlot.

Mais je demeurai ravi, en extase. En face de nous toute l'étendue du firmament s'illuminait rouge, rose, violette, tachetée de nuages embrasés pareils à des fumées d'or. Le fleuve était de pourpre et trois maisons sur une côte semblaient brûler.

Je me penchai vers ma compagne. J'allais lui dire : « Regardez donc. » Mais je me tus, éperdu, et je ne vis plus qu'elle. Elle aussi était rose, d'un rose de chair sur qui aurait coulé un peu de la couleur du ciel. Ses cheveux étaient roses, ses yeux roses, ses dents roses, sa robe, ses dentelles, son sourire, tout était rose. Et je crus vraiment, tant je fus affolé, que j'avais l'aurore devant moi.

Elle se relevait tout doucement, me tendant ses lèvres ; et j'allais vers elles frémissant, délirant, sentant bien que j'allais baiser le ciel, baiser le bonheur, baiser le rêve devenu femme, baiser l'idéal descendu dans la chair humaine.

Elle me dit : « Vous avez une chenille dans les cheveux ! » C'était pour cela qu'elle souriait !

Il me sembla que je recevais un coup de massue sur la tête. Et je me sentis triste soudain comme si j'avais perdu tout espoir dans la vie.

C'est tout, madame. C'est puéril, niais, stupide. Mais je crois depuis de jour que je n'aimerai jamais. Pourtant... qui sait?

. . . . . . . . . . . . . . . . . . . . . . . . . .

*
* *

Le jeune homme sur qui cette lettre fut trouvée a été repêché hier dans la Seine, entre Bougival et Marly. Un marinier obligeant qui l'avait fouillé pour savoir son nom, apporta ce papier.

# L'HORRIBLE

La nuit tiède descendait lentement.

Les femmes étaient restées dans le salon de la villa. Les hommes, assis ou à cheval sur les chaises du jardin, fumaient, devant la porte, en cercle autour d'une table ronde chargée de tasses et de petits verres.

Leurs cigares brillaient comme des yeux, dans l'ombre épaissie de minute en minute. On venait de raconter un affreux accident arrivé la veille : deux hommes et trois femmes noyés sous les yeux des invités, en face, dans la rivière.

Le général de G... prononça :

— Oui, ces choses-là sont émouvantes, mais elles ne sont pas horribles.

L'horrible, ce vieux mot, veut dire beaucoup plus que terrible. Un affreux accident comme celui-là émeut, bouleverse, effare : il n'affole pas. Pour qu'on éprouve l'horreur il faut plus que l'émotion de l'âme et plus que le spectacle d'un mort affreux, il faut, soit un frisson de mystère, soit une sensation d'épouvante anormale, hors nature. Un homme qui meurt, même dans les conditions les plus dramatiques, ne fait pas horreur ; un champ de bataille n'est pas horrible ; le sang n'est pas horrible ; les crimes les plus vils sont rarement horribles.

Tenez, voici deux exemples personnels qui m'ont fait comprendre ce qu'on peut entendre par l'horreur.

C'était pendant la guerre de 1870. Nous

nous retirions vers Pont-Audemer, après avoir traversé Rouen. L'armée, vingt mille hommes environ, vingt mille hommes de déroute, débandés, démoralisés, épuisés, allait se reformer au Havre.

La terre était couverte de neige. La nuit tombait. On n'avait rien mangé depuis la veille. On fuyait vite, les Prussiens n'étant pas loin.

Toute la campagne normande, livide, tachée par les ombres des arbres entourant les fermes, s'étendait sous un ciel noir, lourd et sinistre.

On n'entendait rien autre chose dans la lueur terne du crépuscule qu'un bruit confus, mou et cependant démesuré de troupeau marchant, un piétinement infini, mêlé d'un vague cliquetis de gamelles ou de sabres. Les hommes, courbés, voûtés, sales, souvent même haillonneux se traînaient, se hâtaient dans la neige, d'un long pas éreinté.

La peau des mains collait à l'acier des crosses, car il gelait affreusement cette nuit-là. Souvent je voyais un petit moblot ôter ses souliers pour aller pieds nus, tant il souffrait dans sa chaussure ; et il laissait dans chaque empreinte une trace de sang. Puis au bout de quelque temps il s'asseyait dans un champ pour se reposer quelques minutes, et il ne se relevait point. Chaque homme assis était un homme mort.

En avons-nous laissé derrière nous, de ces pauvres soldats épuisés, qui comptaient bien repartir tout à l'heure, dès qu'ils auraient un peu délassé leurs jambes roidies ! Or, à peine avaient-ils cessé de se mouvoir, de faire circuler, dans leur chair gelée, leur sang presque inerte, qu'un engourdissement invincible les figeait, les clouait à terre, fermait leurs yeux, paralysait en une seconde cette mécanique humaine surmenée. Et ils s'affaissaient un peu, le front sur leurs genoux, sans tomber tout à fait pourtant, car leurs reins et leurs membres devenaient immobiles, durs comme du bois, impossibles à plier ou à redresser.

Et nous autres, plus robustes, nous allions toujours, glacés jusqu'aux moelles, avançant par une force de mouvement donné, dans cette nuit, dans cette neige, dans cette campagne froide et mortelle, écrasés par le chagrin, par la défaite, par le désespoir, surtout étreints par l'abominable sensation de l'abandon, de la fin, de la mort, du néant.

J'aperçus deux gendarmes qui tenaient par le bras un petit homme singulier, vieux, sans barbe, d'aspect vraiment surprenant.

Ils cherchaient un officier, croyant avoir pris un espion.

Le mot « espion » courut aussitôt parmi les traînards et on fit cercle autour du prisonnier. Une voix cria : « Faut le fusiller ! » Et tous ces soldats qui tombaient d'accablement, ne tenant debout que parce qu'ils s'appuyaient sur leurs fusils, eurent soudain ce frisson de colère furieuse et bestiale qui pousse les foules au massacre.

Je voulus parler ; j'étais alors chef de bataillon ; mais on ne reconnaissait plus les chefs, on m'aurait fusillé moi-même.

Un des gendarmes me dit :

— Voilà trois jours qu'il nous suit. Il demande à tout le monde des renseignements sur l'artillerie.

J'essayai d'interroger cet être :

— Que faites-vous ? Que voulez-vous ? Pourquoi accompagnez-vous l'armée ?

Il bredouilla quelques mots en un patois inintelligible.

C'était vraiment un étrange personnage, aux épaules étroites, à l'œil sournois, et si troublé devant moi que je ne doutais plus vraiment que ce ne fût un espion. Il semblait fort âgé et faible. Il me considérait en dessous, avec un air humble, stupide et rusé.

Les hommes autour de nous criaient :

— Au mur ! au mur !

Je dis aux gendarmes :

— Vous répondez du prisonnier ?...

Je n'avais point fini de parler qu'une poussée terrible me renversa, et je vis, en une seconde, l'homme saisi par les troupiers furieux, terrassé, frappé, traîné au bord de la route et jeté contre un arbre. Il tomba presque mort déjà, dans la neige.

Et aussitôt on le fusilla. Les soldats tiraient sur lui, rechargeaient leurs armes, tiraient de nouveau avec un acharnement de brutes. Ils se battaient pour avoir leur tour, défilaient devant le cadavre et tiraient toujours dessus, comme on défile devant un cercueil pour jeter de l'eau bénite.

Mais tout d'un coup un cri passa :

— Les Prussiens ! les Prussiens !

Et j'entendis, par tout l'horizon, la rumeur immense de l'armée éperdue qui courait.

La panique, née de ces coups de feu sur ce vagabond, avait affolé les exécuteurs eux-mêmes ; qui sans comprendre que l'épouvante venait d'eux se sauvèrent et disparurent dans l'ombre.

Je restai seul devant le corps avec les deux gendarmes, que leur devoir avait retenus près de moi.

Ils relevèrent cette viande broyée, moulue et sanglante.

— Il faut le fouiller, leur dis-je.

Et je tendis une boîte d'allumettes-bougies que j'avais dans ma poche. Un des soldats éclairait l'autre. J'étais debout entre les deux.

Le gendarme qui maniait le corps déclara :

— Vêtu d'une blouse bleue, d'une chemise blanche, d'un pantalon et d'une paire de souliers.

La première allumette s'éteignit ; on alluma la seconde. L'homme reprit, en retournant les poches :

— Un couteau de corne, un mouchoir à carreaux, une tabatière, un bout de ficelle, un morceau de pain.

La seconde allumette s'éteignit. On alluma la troisième. Le gendarme après avoir longtemps palpé le cadavre déclara :

— C'est tout.

Je dis :

— Déshabillez-le. Nous trouverons peut-être quelque chose contre la peau.

Et, pour que les deux soldats pussent agir en même temps, je me mis moi-même à les éclairer. Je les voyais à la lueur rapide et vite éteinte de l'allumette, ôter les vêtements un à un, mettre à nu ce paquet sanglant de chair encore chaude et morte.

Et soudain un d'eux balbutia :

— Nom d'un nom, mon commandant, c'est une femme !

Je ne saurais vous dire quelle étrange et poignante sensation d'angoisse me remua le cœur. Je ne le pouvais croire, et je m'agenouillai dans la neige, devant cette bouillie informe, pour voir : c'était une femme !

Les deux gendarmes, interdits et démoralisés, attendaient que j'émisse un avis.

Mais je ne savais que penser, que supposer.

Alors le brigadier prononça lentement :

— Peut-être qu'elle venait chercher son éfant qu'était soldat d'artillerie et dont elle n'avait pas de nouvelles.

Et l'autre répondit :

— P't'être ben que oui tout de même.

Et moi qui avais vu des choses bien terribles, je me mis à pleurer. Et je sentis, en face de cette morte, dans cette nuit glacée, au milieu de cette plaine noire, devant ce mystère, devant cette inconnue assassinée, ce que veut dire ce mot : « Horreur ».

Or, j'ai eu cette même sensation, l'an dernier, en interrogeant un des survivants de la mission Flatters, un tirailleur algérien.

Vous savez les détails de ce drame atroce. Il en est un cependant que vous ignorez peut-être.

Le colonel allait au Soudan par le désert

et traversait l'immense territoire des Touaregs, qui sont, dans tout cet océan de sable qui va de l'Atlantique à l'Égypte et du Soudan à l'Algérie, des espèces de pirates comparables à ceux qui ravageaient les mers autrefois.

Les guides qui conduisaient la colonne appartenaient à la tribu des Chambaa, de Ouargla.

Or, un jour on établit le camp en plein désert, et les Arabes déclarèrent que, la source étant encore un peu loin, ils iraient chercher de l'eau avec tous les chameaux.

Un seul homme prévint le colonel qu'il était trahi : Flatters n'en crut rien et accompagna le convoi avec les ingénieurs, les médecins et presque tous ses officiers.

Ils furent massacrés autour de la source, et tous les chameaux capturés.

Le capitaine du bureau arabe de Ouargla, demeuré au camp, prit le commandement des survivants, spahis et tirailleurs, et on commença la retraite, en abandonnant les bagages et les vivres, faute de chameaux pour les porter.

Ils se mirent donc en route dans cette solitude sans ombre et sans fin, sous le soleil dévorant qui les brûlait du matin au soir.

Une tribu vint faire sa soumission et apporta des dattes. Elles étaient empoisonnées. Presque tous les Français moururent et, parmi eux, le dernier officier.

Il ne restait plus que quelques spahis, dont le maréchal des logis Pobéguin, plus des tirailleurs indigènes de la tribu de Chambaa. On avait encore deux chameaux. Ils disparurent une nuit avec deux Arabes.

Alors les survivants comprirent qu'il allait falloir s'entre-dévorer, et, sitôt découverte la fuite des deux hommes avec les deux bêtes, ceux qui restaient se séparèrent et se mirent à marcher un à un dans le sable mou, sous la flamme aiguë du ciel, à plus d'une portée de fusil l'un de l'autre.

Ils allaient ainsi tout le jour, et, quand on atteignait une source, chacun y venait boire à son tour, dès que le plus proche isolé avait regagné sa distance. Ils allaient ainsi tout le jour, soulevant de place en place, dans l'étendue brûlée et plate, ces petites colonnes de poussière qui indiquent de loin les marcheurs dans le désert.

Mais un matin, un des voyageurs brusquement obliqua, se rapprochant de son voisin. Et tous s'arrêtèrent pour regarder.

L'homme vers qui marchait le soldat affamé ne s'enfuit pas, mais il s'aplatit par terre, il mit en joue celui qui s'en venait. Quand il le crut à distance, il tira. L'autre ne fut point touché et il continua d'avancer puis, épaulant à son tour, il tua net son camarade.

Alors, de tout l'horizon, les autres accoururent pour chercher leur part. Et celui qui avait tué, dépeçant le mort, le distribua.

Et ils s'espacèrent de nouveau, ces alliés irréconciliables, pour jusqu'au prochain meurtre qui les rapprocherait.

Pendant deux jours ils vécurent de cette chair humaine partagée. Puis la famine étant revenue, celui qui avait tué le premier tua de nouveau. Et de nouveau, comme un boucher, il coupa le cadavre et l'offrit à ses compagnons, en ne conservant que sa portion.

Et ainsi continua cette retraite d'anthropophages.

Le dernier Français, Pobéguin, fut massacré au bord d'un puits, la veille du jour où les secours arrivèrent.

Comprenez-vous maintenant ce que j'entends par l'Horrible?

Voilà ce que nous raconta, l'autre soir, le général de G...

# LE TIC

Les dîneurs entraient lentement dans la grande salle de l'hôtel et s'asseyaient à leurs places. Les domestiques commencèrent le service tout doucement, pour permettre aux retardataires d'arriver et pour n'avoir point à rapporter les plats ; et les anciens baigneurs, les habitués, ceux dont la saison avançait, regardaient avec intérêt la porte chaque fois qu'elle s'ouvrait, avec le désir de voir paraître de nouveaux visages.

C'est là la grande distraction des villes

d'eaux. On attend le dîner pour inspecter les arrivés du jour, pour deviner ce qu'ils sont, ce qu'ils font, ce qu'ils pensent. Un désir rôde dans notre esprit, le désir de rencontres agréables, de connaissances aimables, d'amours peut-être. Dans cette vie de coudoiements, les voisins, les inconnus, prennent une importance extrême. La curiosité est en éveil, la sympathie en attente et la sociabilité en travail.

On a des antipathies d'une semaine et des amitiés d'un mois, on voit les gens avec des yeux différents, sous l'optique spécial de la connaissance de ville d'eaux. On découvre aux hommes, subitement, dans une causerie d'une heure, le soir, après dîner, sous les arbres du parc où bouillonne la source guérisseuse, une intelligence supérieure et des mérites surprenants, et, un mois plus tard, on a complètement oublié ces nouveaux amis, si charmants aux premiers jours.

Là aussi se forment des liens durables et sérieux, plus vite que partout ailleurs. On se voit tout le jour, on se connaît très vite; et dans l'affection qui commence se mêle quelque chose de la douceur et de l'abandon des intimités anciennes. On garde plus tard le souvenir cher et attendri de ces premières heures d'amitié, le souvenir de ces premières causeries par qui se fait la découverte de l'âme, de ces premiers regards qui interrogent et répondent aux questions et aux pensées secrètes que la bouche ne dit point encore, le souvenir de cette première confiance cordiale, le souvenir de cette sensation charmante d'ouvrir son cœur à quelqu'un qui semble aussi vous ouvrir le sien.

Et la tristesse de la station de bains, la

monotonie des jours tous pareils, rendent plus complète d'heure en heure cette éclosion d'affection.

\*<br>\* \*

Donc, ce soir-là, comme tous les soirs, nous attendions l'entrée de figures inconnues.

Il n'en vint que deux, mais très étranges, un homme et une femme : le père et la fille. Ils me firent l'effet, tout de suite, de personnages d'Edgar Poë ; et pourtant il y avait en eux un charme, un charme malheureux ; je me les représentai comme des victimes de la fatalité. L'homme était très grand et maigre, un peu voûté, avec des cheveux tout blancs, trop blancs pour sa physionomie jeune encore ; et il avait dans son allure et dans sa personne quelque chose de grave, cette tenue austère que gardent les protestants. La fille, âgée peut-être de vingt-quatre ou vingt-cinq ans, était petite, fort maigre aussi, fort pâle, avec un air las, fatigué, accablé. On rencontre ainsi des gens qui semblent trop faibles pour les besognes et les nécessités de la vie, trop faibles pour se remuer, pour marcher, pour faire tout ce que nous faisons tous les jours. Elle était assez jolie, cette enfant, d'une beauté diaphane d'apparition ; et elle mangeait avec une extrême lenteur, comme si elle eût été presque incapable de mouvoir ses bras.

C'était elle assurément qui venait prendre les eaux.

Ils se trouvèrent en face de moi, de l'autre côté de la table; et je remarquai immédiatement que le père avait un tic nerveux fort singulier.

Chaque fois qu'il voulait atteindre un objet, sa main décrivait un crochet rapide, une sorte de zigzag affolé, avant de parvenir à toucher ce qu'elle cherchait. Au bout de quelques instants, ce mouvement me fatigua tellement que je détournais la tête pour ne pas le voir.

Je remarquai aussi que la jeune fille gardait, pour manger, un gant à la main gauche.

Après dîner, j'allai faire un tour dans le parc de l'établissement thermal. Cela se passait dans une petite station d'Auvergne, Châtel-Guyon, cachée dans une gorge, au pied de la haute montagne, de cette montagne d'où s'écoulent tant de sources bouillantes, venues du foyer profond des anciens volcans. Là-bas, au-dessus de nous, les dômes, cratères éteints, levaient leurs têtes tronquées au-dessus de la longue chaîne. Car Châtel-Guyon est au commencement du pays des dômes.

Plus loin s'étend le pays des pics ; et, plus loin encore, le pays des plombs.

Le puy de Dôme est le plus haut des dômes, le pic du Sancy le plus élevé des pics, et le plomb du Cantal le plus grand des plombs.

Il faisait très chaud ce soir-là. J'allais, de long en large dans l'allée ombreuse, écoutant, sur le mamelon qui domine le parc, la musique du casino jeter ses premières chansons.

Et j'aperçus, venant vers moi, d'un pas lent, le père et la fille. Je les saluai, comme on salue dans les villes d'eaux ses compagnons d'hôtel ; et l'homme, s'arrêtant aussitôt, me demanda :

— Ne pourriez-vous, monsieur, nous indiquer une promenade courte, facile et jolie si c'est possible ; et excusez mon indiscrétion.

Je m'offris à les conduire au vallon où coule la mince rivière, vallon profond, gorge étroite entre deux grandes pentes rocheuses et boisées.

Ils acceptèrent.

Et nous parlâmes, naturellement, de la vertu des eaux.

— Oh, disait-il, ma fille a une étrange maladie, dont on ignore le siège. Elle souffre d'accidents nerveux incompréhensibles. Tantôt on la croit atteinte d'une maladie de cœur, tantôt d'une maladie de foie, tantôt d'une maladie de la moelle épinière. Aujourd'hui on attribue à l'estomac, qui est la grande chaudière et le grand régulateur du corps, ce mal-Protée aux mille formes et aux mille atteintes. Voilà pourquoi nous sommes ici. Moi je crois plutôt que ce sont les nerfs. En tout cas, c'est bien triste.

Le souvenir me vint aussitôt du tic violent de sa main, et je lui demandai :

— Mais n'est-ce pas là de l'hérédité? N'avez-vous pas vous-même les nerfs un peu malades?

Il répondit tranquillement :

— Moi?... Mais non... j'ai toujours eu les nerfs très calmes...

Puis soudain, après un silence, il reprit :

— Ah! vous faites allusion au spasme de ma main chaque fois que je veux prendre quelque chose? Cela provient d'une émotion terrible que j'ai eue. Figurez-vous que cette enfant a été enterrée vivante!

Je ne trouvai rien à dire qu'un « Ah! » de surprise et d'émotion.

\*
\*\*

Il reprit : « Voici l'aventure. Elle est simple. Juliette avait depuis quelque temps de graves accidents au cœur. Nous croyions à une maladie de cet organe, et nous nous attendions à tout.

On la rapporta un jour froide, inanimée, morte. Elle venait de tomber dans le jardin. Le médecin constata le décès. Je veillai près d'elle un jour et deux nuits ; je la mis moi-même dans le cercueil, que j'accompagnai jusqu'au cimetière où il fut déposé dans notre caveau de famille. C'était en pleine campagne, en Lorraine.

J'avais voulu qu'elle fût ensevelie avec ses bijoux, bracelets, colliers, bagues, tous cadeaux qu'elle tenait de moi, et avec sa première robe de bal.

Vous devez penser quel était l'état de mon cœur et l'état de mon âme en rentrant chez moi. Je n'avais qu'elle, ma femme étant morte depuis longtemps. Je rentrai seul, à moitié fou, exténué, dans ma chambre, et je tombai dans mon fauteuil, sans pensée, sans force maintenant pour faire un mouvement. Je n'étais plus qu'une machine douloureuse, vibrante, un écorché ; mon âme ressemblait à une plaie vive.

Mon vieux valet de chambre, Prosper, qui m'avait aidé à déposer Juliette dans son cercueil, et à la parer pour ce dernier sommeil, entra sans bruit et demanda :

— Monsieur veut-il prendre quelque chose ?

Je fis « non » de la tête sans répondre.

Il reprit :

— Monsieur a tort. Il arrivera du mal à monsieur. Monsieur veut-il alors que je le mette au lit ?

Je prononçai :

— Non, laisse-moi.

Et il se retira.

Combien s'écoula-t-il d'heures, je n'en sais rien. Oh ! quelle nuit ! quelle nuit ! Il faisait froid ; mon feu s'était éteint dans la grande cheminée ; et le vent, un vent d'hiver, un vent glacé, un grand vent de pleine gelée, heurtait les fenêtres avec un bruit sinistre et régulier.

Combien s'écoula-t-il d'heures ? J'étais là, sans dormir, affaissé, accablé, les yeux ouverts, les jambes allongées, le corps mou, mort, et l'esprit engourdi de désespoir. Tout à coup, la grande cloche de la porte d'entrée, la grande cloche du vestibule tinta.

J'eus une telle secousse que mon siège craqua sous moi. Le son grave et pesant vibrait dans le château vide comme dans un caveau. Je me retournai pour voir l'heure à mon horloge. Il était deux heures du matin. Qui pouvait venir à cette heure ?

Et brusquement la cloche sonna de nouveau deux coups. Les domestiques, sans doute, n'osaient pas se lever. Je pris une bougie et je descendis. Je faillis demander :

— Qui est là ?

Puis j'eus honte de cette faiblesse ; et je tirai lentement les gros verrous. Mon cœur battait ; j'avais peur. J'ouvris la porte brusquement et j'aperçus dans l'ombre une forme blanche dressée, quelque chose comme un fantôme.

Je reculai, perclus d'angoisse, balbutiant :

— Qui... qui... qui êtes-vous ?

Une voix répondit :

— C'est moi, père.

C'était ma fille.

Certes, je me crus fou ; et je m'en allais à reculons devant ce spectre qui entrait ; je m'en allais, faisant de la main, comme pour le chasser, ce geste que vous avez vu tout à l'heure ; ce geste qui ne m'a plus quitté.

L'apparition reprit :

— N'aie pas peur, papa ; je n'étais pas morte. On a voulu me voler mes bagues, et on m'a coupé un doigt ; le sang s'est mis à couler, et cela m'a ranimée.

Et je m'aperçus, en effet, qu'elle était couverte de sang.

Je tombai sur les genoux, étouffant, sanglotant, râlant.

Puis, quand j'eus ressaisi un peu ma pensée, tellement éperdu encore que je comprenais mal le bonheur terrible qui m'arrivait, je la fis monter dans ma chambre, je la fis asseoir dans mon fauteuil ; puis je sonnai Prosper à coups précipités pour qu'il rallumât le feu, qu'il préparât à boire et allât chercher des secours.

L'homme entra, regarda ma fille, ouvrit la bouche dans un spasme d'épouvante et d'horreur, puis tomba roide mort sur le dos.

C'était lui qui avait ouvert le caveau, qui avait mutilé, puis abandonné mon enfant : car il ne pouvait effacer les traces du vol. Il n'avait même pas pris soin de remettre le cercueil dans sa case, sûr d'ailleurs de n'être pas soupçonné par moi, dont il avait toute la confiance.

Vous voyez, monsieur, que nous sommes des gens bien malheureux. »

\*
\* \*

Il se tut.

La nuit était venue enveloppant le petit vallon solitaire et triste, et une sorte de peur mystérieuse m'étreignait à me sentir auprès de ces êtres étranges, de cette morte revenue et de ce père aux gestes effrayants.

Je ne trouvais rien à dire. Je murmurai :

— Quelle horrible chose !...

Puis, après une minute, j'ajoutai :

— Si nous rentrions, il me semble qu'il fait frais.

Et nous retournâmes vers l'hôtel.

# FINI

Le comte de Lormerin venait d'achever de s'habiller. Il jeta un dernier regard dans la grande glace qui tenait un panneau entier de son cabinet de toilette et sourit.

Il était vraiment encore bel homme, bien que tout gris. Haut, svelte, élégant, sans ventre, le visage maigre avec une fine moustache de nuance douteuse, qui pouvait passer pour blonde, il avait de l'allure, de la noblesse, de la distinction, ce chic enfin, ce je ne sais quoi qui établit entre deux hommes plus de différence que les millions.

Il murmura :

— Lormerin vit encore !

Et il entra dans son salon, où l'attendait son courrier.

Sur sa table, où chaque chose avait sa place, table de travail du monsieur qui ne travaille jamais, une dizaine de lettres attendaient à côté de trois journaux d'opinions différentes. D'un seul coup de doigt il étala toutes ces lettres, comme un joueur qui donne à choisir une carte ; et il regarda les écritures, ce qu'il faisait chaque matin avant de déchirer les enveloppes.

C'était pour lui un moment délicieux d'attente, de recherche et de vague angoisse. Que lui apportaient ces papiers fermés et mystérieux ? Que contenaient-ils de plaisir, de bonheur ou de chagrin ? Il les couvait de son regard rapide, reconnaissant les écritures, les choisissant, faisant deux ou trois lots, selon ce qu'il en espérait. Ici, les amis ; là, les indifférents ; plus loin les inconnus. Les inconnus le troublaient toujours un peu. Que voulaient-ils ? Quelle main avait tracé ces caractères bizarres, pleins de pensées, de promesses ou de menaces ?

Ce jour-là, une lettre surtout arrêta son œil. Elle était simple pourtant, sans rien de révélateur ; mais il la considéra avec inquiétude, avec une sorte de frisson au cœur. Il pensa : « De qui ça peut-il être ? Je connais certainement cette écriture, et je ne la reconnais pas. »

Il l'éleva à la hauteur du visage, en la tenant délicatement entre deux doigts, cherchant à lire à travers l'enveloppe, sans se décider à l'ouvrir.

Puis il la flaira, prit sur la table une petite loupe qui traînait pour étudier tous les détails des caractères. Un énervement l'envahissait. « De qui est-ce ? Cette main-là m'est familière, très familière. Je dois avoir lu souvent de sa prose, oui très souvent. Mais ça doit être vieux, très vieux. De qui diable ça peut-il être ? Baste ! quelque demande d'argent. »

Et il déchira le papier ; puis il lut :

« Mon cher ami, vous m'avez oubliée, sans doute, car voici vingt-cinq ans que nous ne nous sommes vus. J'étais jeune, je suis vieille. Quand je vous ai dit adieu, je quittais Paris pour suivre, en province, mon mari, mon vieux mari, que vous appeliez « mon hôpital ». Vous en souvenez-vous ? Il est mort, voici cinq ans ; et, maintenant, je reviens à Paris pour marier ma fille, car j'ai une fille, une belle fille de dix-huit ans, que vous n'avez jamais vue. Je vous ai annoncé son entrée au monde, mais vous n'avez certes pas fait grande attention à un aussi mince événement.

« Vous, vous êtes toujours le beau Lormerin ; on me l'a dit. Eh bien, si vous vous rappelez encore la petite Lise, que vous appeliez Lison, venez dîner ce soir avec elle, avec la vieille baronne de Vance, votre toujours fidèle amie, qui vous tend, un peu émue, et contente aussi, une main dévouée, qu'il faut serrer et ne plus baiser, mon pauvre Jaquelet.

« Lise de Vance. »

Le cœur de Lormerin s'était mis à battre. Il demeurait au fond de son fauteuil, la lettre sur les genoux et le regard fixe devant lui, crispé par une émotion poignante qui lui faisait monter des larmes aux yeux !

S'il avait aimé une femme dans sa vie, c'était celle-là, la petite Lise, Lise de Vance, qu'il appelait Fleur-de-Cendre, à cause de la couleur étrange de ses cheveux et du gris pâle de ses yeux. Oh! quelle fine, et jolie, et charmante créature c'était, cette frêle baronne, la femme de ce vieux baron goutteux et bourgeonneux qui l'avait enlevée brusquement en province, enfermée, séquestrée par jalousie, par jalousie du beau Lormerin.

Oui il l'avait aimée et il avait été bien aimé aussi, croyait-il. Elle le nommait familièrement Jaquelet, et elle disait ce mot d'une exquise façon.

Mille souvenirs effacés lui revenaient lointains et doux, et tristes maintenant. Un soir elle était entrée chez lui en sortant d'un bal, et ils avaient été faire un tour au bois de Boulogne : elle décolletée, lui en veston de chambre. C'était au printemps ; il faisait doux. L'odeur de son corsage embaumait l'air tiède, l'odeur de son corsage et aussi, un peu, celle de sa peau. Quel soir divin ! En arrivant près du lac, comme la lune tombait dans l'eau à travers les branches, elle s'était mise à pleurer. Un peu surpris, il demanda pourquoi.

Elle répondit :

— Je ne sais pas ; c'est la lune et l'eau qui m'attendrissent. Toutes les fois que je vois des choses poétiques, ça me serre le cœur et je pleure.

Il avait souri, ému lui-même, trouvant ça bête et charmant, cette émotion naïve de femme, de pauvre petite femme que toutes les sensations ravagent. Et il l'avait embrassée avec passion, bégayant :

— Ma petite Lise, tu es exquise.

Quel charmant amour, délicat et court, ça avait été, et fini si vite aussi, coupé net, en pleine ardeur, par cette vieille brute de baron qui avait enlevé sa femme, et qui ne l'avait plus montrée à personne jamais depuis lors !

Lormerin avait oublié, parbleu ! au bout de deux ou trois semaines. Une femme chasse l'autre si vite, à Paris, quand on est garçon ! N'importe, il avait gardé à celle-là une petite chapelle en son cœur, car il n'avait aimé qu'elle ! Il s'en rendait bien compte maintenant.

Il se leva et prononça tout haut : « Certes, j'irai dîner ce soir ! » Et, d'instinct, il retourna devant sa glace pour se regarder de la tête aux pieds. Il pensait : « Elle doit avoir vieilli rudement, plus que moi. » Et il était content au fond de se montrer à elle encore beau, encore vert, de l'étonner, de l'attendrir peut-être, et de lui faire regretter ces jours passés, si loin, si loin !

Il revint à ses autres lettres. Elles n'avaient point d'importance.

Tout le jour il pensa à cette revenante ! Comment était-elle ? Comme c'était drôle de se retrouver ainsi après vingt-cinq ans ! La reconnaîtrait-il seulement ?

Il fit sa toilette avec une coquetterie de femme, mit un gilet blanc, ce qui lui allait mieux, avec l'habit, que le gilet noir, fit venir le coiffeur pour lui donner un coup de fer, car il avait conservé ses cheveux, et il partit de très bonne heure pour témoigner de l'empressement.

La première chose qu'il vit en entrant dans un joli salon fraîchement meublé, ce fut son propre portrait, une vieille photographie déteinte, datant de ses jours triomphants, pendue aux murs dans un cadre coquet de soie ancienne.

Il s'assit et attendit. Une porte s'ouvrit enfin derrière lui ; il se dressa brusquement et, se retournant, aperçut une vieille dame en cheveux blancs qui lui tendait les deux mains.

Il les saisit, les baisa l'une après l'autre, longtemps ; puis relevant la tête il regarda son amie.

Oui, c'était une vieille dame, une vieille dame inconnue qui avait envie de pleurer et qui souriait cependant.

Il ne put s'empêcher de murmurer :

— C'est vous, Lise ?

Elle répondit :

— Oui, c'est moi, c'est bien moi... Vous ne m'auriez pas reconnue, n'est-ce pas ? J'ai eu tant de chagrin... tant de chagrin... Le chagrin a brûlé ma vie... Me voilà maintenant... Regardez-moi... ou plutôt non... ne me regardez pas... Mais comme vous êtes resté beau, vous... et jeune... Moi, si je vous avais, par hasard, rencontré dans la rue, j'aurais aussitôt crié : « Jaquelet ! »

Maintenant asseyez-vous, nous allons d'abord causer. Et puis j'appellerai ma fillette, ma grande fille. Vous verrez comme elle me ressemble... ou plutôt comme je lui ressemblais... non, ce n'est pas encore ça : elle est toute pareille à la « moi » d'autrefois, vous verrez ! Mais j'ai voulu que nous fussions seuls d'abord. Je craignais un peu d'émotion de ma part au premier moment. Maintenant c'est fini, c'est passé... Asseyez-vous donc, mon ami.

Il s'assit près d'elle en lui tenant la main ; mais il ne savait que lui dire ; il ne connaissait pas cette personne-là ; il ne l'avait jamais vue, lui semblait-il. Qu'était-il venu faire en cette maison ? De quoi pourrait-il parler ? De l'autrefois ? Qu'y avait-il de commun entre elle et lui ? Il ne se souvenait plus de rien en face de ce visage de grand'mère. Il ne se souvenait plus de toutes ces choses gentilles et douces, et tendres, et poignantes, qui avaient assailli son cœur, tantôt, quand il pensait à l'autre, à la petite Lise, à la mignonne Fleur-de-Cendre. Qu'était-elle donc devenue celle-là ? L'ancienne, l'aimée ? Celle du rêve lointain, la blonde aux yeux gris, la jeune, qui disait si bien : Jaquelet ?

Ils demeuraient côte à côte, immobiles, gênés tous deux, troublés, envahis par un malaise profond.

Comme ils ne prononçaient que des phrases banales, hachées et lentes, elle se leva et appuya sur le bouton de la sonnerie :

— J'appelle Renée, dit-elle.

On entendit un bruit de porte, puis un bruit de robe ; puis une voix jeune cria :

— Me voici, maman !

Lormerin restait effaré comme devant une apparition. Il balbutia :

— Bonjour, mademoiselle...

Puis, se tournant vers la mère :

— Oh ! c'est vous !...

C'était elle, en effet, celle d'autrefois, la Lise disparue et revenue ! Il la retrouvait telle qu'on la lui avait enlevée vingt-cinq ans plus tôt. Celle-ci même était plus jeune encore, plus fraîche, plus enfant.

Il avait une envie folle d'ouvrir les bras, de l'étreindre de nouveau en lui murmurant dans l'oreille :

— Bonjour, Lison !

Un domestique annonça :

— Madame est servie !

Et ils entrèrent dans la salle à manger.

Que se passa-t-il dans ce dîner ? Que lui dit-on, et que put-il répondre ? Il était entré dans un de ces songes étranges qui touchent à la folie. Il regardait ces deux femmes

13.

avec une idée fixe dans l'esprit, une idée malade de dément :

— Laquelle est la vraie ?

La mère souriait répétant sans cesse :

— Vous en souvient-il ?

Et c'était dans l'œil clair de la jeune fille qu'il retrouvait ses souvenirs. Vingt fois il ouvrit la bouche pour lui dire : « Vous rappelez-vous, Lison ?... » oubliant cette dame à cheveux blancs qui le regardait d'un œil attendri.

Et cependant, par instants, il ne savait plus, il perdait la tête ; il s'apercevait que celle d'aujourd'hui n'était pas tout à fait pareille à celle de jadis. L'autre, l'ancienne, avait dans la voix, dans le regard, dans tout son être quelque chose qu'il ne retrouvait pas. Et il faisait de prodigieux efforts d'esprit pour se rappeler son amie, pour ressaisir ce qui lui échappait d'elle, ce que n'avait point cette ressuscitée.

La baronne disait :

— Vous avez perdu votre entrain, mon pauvre ami.

Il murmurait :

— Il y a beaucoup d'autres choses que j'ai perdues !

Mais, dans son cœur tout remué, il sentait, comme une bête réveillée qui l'aurait mordu, son ancien amour renaître.

La jeune fille bavardait, et parfois des intonations retrouvées, des mots familiers à sa mère et qu'elle lui avait pris, toute une manière de dire et de penser, cette ressemblance d'âme et d'allure qu'on gagne en vivant ensemble, secouaient Lormerin de la tête aux pieds. Tout cela entrait en lui, faisant plaie dans sa passion rouverte.

Il se sauva de bonne heure et fit un tour sur le boulevard. Mais l'image de cette enfant le suivait, le hantait, précipitait son cœur, enfiévrait son sang. Loin des deux femmes il n'en voyait plus qu'une, une jeune, l'ancienne, revenue, et il l'aimait comme il l'avait aimée jadis. Il l'aimait avec plus d'ardeur, après ces vingt-cinq ans d'arrêt.

Il rentra donc chez lui pour réfléchir à cette chose bizarre et terrible, et pour songer à ce qu'il ferait.

Mais comme il passait, une bougie à la main, devant sa glace, devant sa grande glace où il s'était contemplé et admiré avant de partir, il aperçut dedans un homme mûr à cheveux gris ; et, soudain, il se rappela ce qu'il était autrefois, au temps de la petite Lise ; il se revit, charmant et jeune, tel qu'il avait été aimé ! Alors, approchant la lumière, il se regarda de près, comme on examine à la loupe une chose étrange, inspectant les rides, constatant ces affreux ravages qu'il n'avait encore jamais aperçus.

Et il s'assit, accablé, en face de lui-même, en face de sa lamentable image, en murmurant : « Fini, Lormerin ! »

# MES 25 JOURS

Je venais de prendre possession de ma chambre d'hôtel, case étroite, entre deux cloisons de papier qui laissent passer tous les bruits des voisins ; et je commençais à ranger dans l'armoire à glace mes vêtements et mon linge quand j'ouvris le tiroir qui se trouve au milieu de ce meuble. J'aperçus aussitôt un cahier de papier roulé. L'ayant déplié, je l'ouvris et je lus ce titre :

*Mes vingt-cinq jours.*

C'était le journal d'un baigneur, du dernier occupant de ma cabine, oublié là à l'heure du départ.

Ces notes peuvent être de quelque intérêt pour les gens sages et bien portants qui ne quittent jamais leur demeure. C'est pour eux que je les transcris ici sans en changer une lettre.

*
* *

Châtel-Guyon, 15 juillet.

Au premier coup d'œil, il n'est pas gai, ce pays. Donc, je vais y passer vingt-cinq jours pour soigner mon foie, mon estomac et maigrir un peu. Les vingt-cinq jours d'un baigneur ressemblent beaucoup aux vingt-huit jours d'un réserviste; ils ne sont faits que de corvées, de dures corvées. Aujourd'hui, rien encore, je me suis installé, j'ai fait connaissance avec les lieux et avec le médecin. Châtel-Guyon se compose d'un ruisseau où coule de l'eau jaune, entre plusieurs mamelons, où sont plantés un casino, des maisons et des croix de pierre.

Au bord du ruisseau, au fond du vallon, on voit un bâtiment carré entouré d'un petit jardin ; c'est l'établissement de bains. Des gens tristes errent autour de cette bâtisse : les malades. Un grand silence règne dans les allées ombragées d'arbres, car ce n'est pas ici une station de plaisir, mais une vraie station de santé ; on s'y soigne avec conviction ; et on y guérit, paraît-il.

Des gens compétents affirment même que les sources minérales y font de vrais miracles. Cependant aucun *ex voto* n'est suspendu autour du bureau du caissier.

De temps en temps, un monsieur ou une dame s'approche d'un kiosque, coiffé d'ardoises, qui abrite une femme de mine souriante et douce, et une source qui bouillonne dans une vasque de ciment. Pas un mot n'est échangé entre le malade et la gardienne de l'eau guérisseuse. Celle-ci tend à l'arrivant un petit verre où tremblotent des bulles d'air dans le liquide transparent. L'autre boit et s'éloigne d'un pas grave, pour reprendre sous les arbres sa promenade interrompue.

Aucun bruit dans ce petit parc, aucun souffle d'air dans les feuilles, aucune voix ne passe dans ce silence. On devrait écrire à l'entrée du pays : « Ici on ne rit plus, on se soigne. »

Les gens qui causent ressemblent à des muets qui ouvriraient la bouche pour simuler des sons, tant ils ont peur de laisser s'échapper leur voix.

Dans l'hôtel, même silence. C'est un grand

hôtel où l'on dîne avec gravité entre gens comme il faut qui n'ont rien à se dire. Leurs manières révèlent le savoir-vivre, et leurs visages reflètent la conviction d'une supériorité dont il serait peut-être difficile à quelques-uns de donner des preuves effectives.

A deux heures, je fais l'ascension du Casino, petite cabane de bois perchée sur un monticule où l'on grimpe par des sentiers de chèvre. Mais la vue, de là-haut, est admirable. Châtel-Guyon se trouve placé dans un vallon très étroit, juste entre la plaine et la montagne. J'aperçois donc à gauche les premières grandes vagues des monts auvergnats couverts de bois, et montrant, par places, de grandes taches grises, leurs durs ossements de laves, car nous sommes au pied des anciens volcans. A droite, par l'étroite échancrure du vallon, je découvre une plaine infinie comme la mer, noyée dans une brume bleuâtre qui laisse seulement deviner les villages, les villes, les champs jaunes de blé mûr et les carrés verts des prairies ombragés de pommiers. C'est la Limagne, immense et plate, toujours enveloppée dans un léger voile de vapeurs.

Le soir est venu. Et maintenant, après avoir dîné solitaire, j'écris ces lignes auprès de ma fenêtre ouverte. J'entends là-bas, en face, le petit orchestre du Casino qui joue des airs, comme un oiseau fou qui chanterait, tout seul, dans le désert.

Un chien aboie de temps en temps. Ce grand calme fait du bien. Bonsoir.

16 *juillet*. — Rien. J'ai pris un bain, plus une douche. J'ai bu trois verres d'eau et j'ai marché dans les allées du parc, un quart d'heure entre chaque verre, plus une demi-

heure après le dernier. J'ai commencé mes vingt-cinq jours.

17 *juillet*. — Remarqué deux jolies femmes mystérieuses qui prennent leurs bains et leurs repas après tout le monde.

18 *juillet*. — Rien.

19 *juillet*. — Revu les deux jolies femmes. Elles ont du chic et un petit air je ne sais quoi qui me plaît beaucoup.

20 *juillet*. — Longue promenade dans un charmant vallon boisé jusqu'à l'Ermitage de Sans-Souci. Ce pays est délicieux, bien que triste, mais si calme, si doux, si vert. On rencontre par les chemins de montagne les voitures étroites chargées de foin que deux vaches traînent d'un pas lent, ou retiennent dans les descentes, avec un grand effort de leurs têtes liées ensemble. Un homme coiffé d'un grand chapeau noir les dirige avec une mince baguette en les touchant au flanc ou

sur le front; et souvent d'un simple geste, d'un geste énergique et grave, il les arrête brusquement quand la charge trop lourde précipite leur marche dans les descentes trop dures.

L'air est bon à boire dans ces vallons. Et s'il fait très chaud, la poussière porte une légère et vague odeur de vanille et d'étable; car tant de vaches passent sur ces routes qu'elles y laissent partout un peu d'elles. Et cette odeur est un parfum, alors qu'elle serait une puanteur, venue d'autres animaux.

21 *juillet*. — Excursion au vallon d'Enval. C'est une gorge étroite enfermée en des rochers superbes au pied même de la montagne. Un ruisseau coule au milieu des rocs amoncelés.

Comme j'arrivais au fond de ce ravin, j'entendis des voix de femmes, et j'aperçus bientôt les deux dames mystérieuses de mon hôtel, qui causaient assises sur une pierre.

L'occasion me parut bonne et je me présentai sans hésitation. Mes ouvertures furent reçues sans embarras. Nous avons fait route ensemble pour revenir. Et nous avons parlé de Paris; elles connaissent, paraît-il, beaucoup de gens que je connais aussi. Qui est-ce ?

Je les reverrai demain. Rien de plus amusant que ces rencontres-là.

22 *juillet*. — Journée passée presque entière avec les deux inconnues. Elles sont, ma foi, fort jolies, l'une brune et l'autre blonde. Elles se disent veuves ? Hum ?...

Je leur ai proposé de les conduire à Royat demain et elles ont accepté.

Châtel-Guyon est moins triste que je n'avais pensé en arrivant.

**23 *juillet*.** — Journée passée à Royat. Royat est un pâté d'hôtels au fond d'une vallée, à la porte de Clermont-Ferrand. Beaucoup de monde. Grand parc plein de mouvement. Superbe vue du Puy-de-Dôme aperçu au bout d'une perspective de vallons.

On s'occupe beaucoup de mes compagnes, ce qui me flatte. L'homme qui escorte une jolie femme se croit toujours coiffé d'une auréole ; à plus forte raison celui qui passe entre deux jolies femmes. Rien ne plaît autant que de dîner dans un restaurant bien fréquenté, avec une amie que tout le monde regarde ; et rien d'ailleurs n'est plus propre à poser un homme dans l'estime de ses voisins.

Aller au Bois, traîné par une rosse, ou sortir sur le boulevard, escorté par un laideron, sont les deux accidents les plus humiliants qui puissent frapper un cœur délicat, préoccupé de l'opinion des autres. De tous les luxes, la femme est le plus rare et le plus distingué, elle est celui qui coûte le plus cher, et qu'on nous envie le plus ; elle est donc aussi celui que nous devons aimer le mieux à étaler sous les yeux jaloux du public.

Montrer au monde une jolie femme à son bras, c'est exciter, d'un seul coup, toutes les jalousies ; c'est dire : — voyez, je suis riche, puisque je possède cet objet rare et coûteux ; j'ai du goût, puisque j'ai su trouver cette perle ; peut-être même en suis-je aimé, à moins que je ne sois trompé par elle, ce qui prouverait encore que d'autres aussi la jugent charmante.

Mais quelle honte que de promener par la ville une femme laide !

Et que de choses humiliantes cela laisse entendre !

En principe, on la suppose votre femme

légitime, car comment admettre qu'on possède une vilaine maîtresse ? Une vraie femme peut être disgracieuse, mais sa laideur signifie alors mille choses désagréables pour vous. On vous croit d'abord notaire ou magistrat, ces deux professions ayant le monopole des épouses grotesques et bien dotées. Or, n'est-ce point pénible pour un homme ? Et puis cela semble crier au public que vous avez l'odieux courage et même l'obligation légale de caresser cette face ridicule et ce corps mal bâti, et que vous aurez sans doute l'impudeur de rendre mère cet être peu désirable, ce qui est bien le comble du ridicule.

*24 juillet.* — Je ne quitte plus les deux veuves inconnues que je commence à bien connaître. Ce pays est délicieux et notre hôtel excellent. Bonne saison. Le traitement me fait un bien infini.

*25 juillet*. — Promenade en landau au lac de Tazenat. Partie exquise et inattendue, décidée en déjeunant. Départ brusque en sortant de table. Après une longue route dans les montagnes, nous apercevons soudain un admirable petit lac, tout rond, tout bleu, clair comme du verre, et gîté dans le fond d'un ancien cratère. Un côté de cette cuve immense est aride, l'autre boisé. Au milieu des arbres une maisonnette où dort un homme aimable et spirituel, un sage qui passe ses jours dans ce lieu virgilien. Il nous ouvre sa demeure. Une idée me vient. Je crie : Si on se baignait !... « Oui, dit-on, mais... des costumes. »

— Bah ! nous sommes au désert.

Et on se baigne — ..... — !

Si j'étais poète, comme je dirais cette vision inoubliable des corps jeunes et nus dans la transparence de l'eau ! La côte inclinée et haute enferme le lac immobile, luisant et rond comme une pièce d'argent; le soleil y verse en pluie sa lumière chaude; et le long des roches, la chair blonde glisse dans l'onde presque invisible où les nageuses semblent suspendues. Sur le sable du fond on voit passer l'ombre de leurs mouvements!

*26 juillet.* — Quelques personnes semblent voir d'un œil choqué et mécontent mon intimité rapide avec les deux veuves!

Il existe donc des gens ainsi constitués qu'ils s'imaginent la vie faite pour s'embêter. Tout ce qui paraît être amusement devient aussitôt une faute de savoir-vivre ou de morale. Pour eux, le devoir a des règles inflexibles et mortellement tristes.

Je leur ferai observer avec humilité que le devoir n'est pas le même pour les Mormons, les Arabes, les Zoulous, les Turcs, les Anglais ou les Français. Et qu'il se trouve des gens fort honnêtes chez tous ces peuples.

Je citerai un seul exemple. Au point de vue des femmes, le devoir anglais est fixé à neuf ans, tandis que le devoir français ne commence qu'à quinze ans. Quant à moi je prends un peu du devoir de chaque peuple et j'en fais un tout comparable à la morale du saint roi Salomon.

*27 juillet.* — Bonne nouvelle. J'ai maigri de six cent vingt grammes. Excellente, cette eau de Châtel-Guyon ! J'emmène les veuves dîner à Riom. Triste ville dont l'anagramme constitue un fâcheux voisinage pour des sources guérisseuses : Riom, Mori.

*28 juillet.* — Patatras. Mes deux veuves ont reçu la visite de deux messieurs qui viennent les chercher. — Deux veufs sans doute. — Elles partent ce soir. Elles m'ont écrit sur un petit papier.

29 *juillet*. — Seul! Longue excursion à pied à l'ancien cratère de la Nachère. Vue superbe.

30 *juillet*. — Rien. — Je fais le traitement.

31 *juillet*. — Dito.       Dito.

Ce joli pays est plein de ruisseaux infects. Je signale à la municipalité si négligente l'abominable cloaque qui empoisonne la route en face du grand hôtel. On y jette tous les débris de cuisine de cet établissement. C'est là un bon foyer de choléra.

1er *août*. — Rien. Le traitement.

2 *août*. — Admirable promenade à Châteauneuf, station de rhumatisants où tout le monde boite. Rien de plus drôle que cette population de béquillards!

3 *août*. — Rien. Le traitement.

4 *août*. — Dito.      Dito.

5 *août*. — Dito.      Dito.

6 *août*. — Désespoir!... Je viens de me

peser. J'ai engraissé de trois cent dix grammes. Mais alors ?...

7 *août*. — Soixante-six kilomètres en voiture dans la montagne. Je ne dirai pas le nom du pays par respect pour ses femmes.

On m'avait indiqué cette excursion comme belle et rarement faite. Après quatre heures de chemin, j'arrive à un village assez joli, au bord d'une rivière, au milieu d'un admirable bois de noyers. Je n'avais pas encore vu en Auvergne une forêt de noyers aussi importante.

Elle constitue d'ailleurs toute la richesse du pays, car elle est plantée sur le communal. Ce communal, autrefois, n'était qu'une côte nue couverte de broussailles. Les autorités essayèrent en vain de le faire cultiver ; c'est à peine s'il servait à nourrir quelques moutons.

C'est aujourd'hui un superbe bois, grâce aux femmes, et il porte un nom bizarre :

on le nomme « les péchés de M. le curé ».

Or, il faut dire que les femmes de la montagne ont la réputation d'être légères, plus légères que dans la plaine. Un garçon qui les rencontre leur doit au moins un baiser ; et s'il ne prend pas plus, il n'est qu'un sot. A penser juste, cette manière de voir est la seule logique et raisonnable. Du moment que la femme, qu'elle soit de la ville ou des champs, a pour mission naturelle de plaire à l'homme, l'homme doit toujours lui prouver qu'elle lui plaît. S'il s'abstient de toute démonstration, cela signifie donc qu'il la trouve laide ; c'est presque injurieux pour elle. Si j'étais femme je ne recevrais pas une seconde fois un homme qui ne m'aurait point manqué de respect à notre première rencontre, car j'estimerais qu'il a manqué d'égards pour ma beauté, pour mon charme, et pour ma qualité de femme.

Donc les garçons du village X... prouvaient souvent aux femmes du pays qu'ils les trouvaient de leur goût, et le curé ne pouvant parvenir à empêcher ces démonstrations aussi galantes que naturelles, résolut de les utiliser au profit de la prospérité générale. Il imposa donc comme pénitence à toute femme qui avait failli de planter un noyer sur le communal. Et l'on vit chaque nuit des lanternes errer comme des feux follets sur la colline, car les coupables ne tenaient guère à faire en plein jour leur pénitence.

En deux ans il n'y eut plus de place sur les terrains appartenant au village; et on compte aujourd'hui plus de trois mille arbres magnifiques autour du clocher qui sonne les offices dans leur feuillage. Ce sont là les péchés de M. le curé.

Puisqu'on cherche tant les moyens de

reboiser la France, l'administration des forêts ne pourrait-elle s'entendre avec le clergé pour employer le procédé si simple qu'inventa cet humble curé ?

7 *août*. — Traitement.

8 *août*. — Je fais mes malles et mes adieux au charmant petit pays tranquille et silencieux, à la montagne verte, aux vallons calmes, au casino désert d'où l'on voit, toujours voilée de sa brume légère et bleuâtre, l'immense plaine de la Limagne.

Je partirai demain matin.

★
★ ★

Le manuscrit s'arrêtait là. Je n'y veux rien ajouter, mes impressions sur le pays n'ayant pas été tout à fait les mêmes que celles de mon prédécesseur. Car je n'y ai pas trouvé les deux veuves !

# LA QUESTION DU LATIN

Cette question du latin, dont on nous abrutit depuis quelque temps, me rappelle une histoire, une histoire de ma jeunesse.

Je finissais mes études chez un marchand de soupe, d'une grande ville du centre, à l'institution Robineau, célèbre dans toute la province par la force des études latines qu'on y faisait.

Depuis dix ans, l'institution Robineau battait, à tous les concours, le lycée impérial de la ville et tous les collèges des sous-préfectures, et ses succès constants étaient dus, disait-on, à un pion, un simple pion, M. Piquedent, ou plutôt le père Piquedent.

C'était un de ces demi-vieux tout gris, dont il est impossible de connaître l'âge et dont on devine l'histoire à première vue. Entré comme pion à vingt ans dans une institution quelconque, afin de pouvoir pousser ses études jusqu'à la licence ès lettres d'abord, et jusqu'au doctorat ensuite, il s'était trouvé engrené de telle sorte dans cette vie sinistre qu'il était resté pion toute sa vie. Mais son amour pour le latin ne l'avait pas quitté et le harcelait à la façon d'une passion malsaine. Il continuait à lire les poètes, les prosateurs, les historiens, à les interpréter, à les pénétrer, à les commenter, avec une persévérance qui touchait à la manie.

Un jour, l'idée lui vint de forcer tous les élèves de son étude à ne lui répondre qu'en latin; et il persista dans cette résolution, jusqu'au moment où ils furent capables de soutenir avec lui une conversation entière, comme ils l'eussent fait dans leur langue maternelle.

Il les écoutait ainsi qu'un chef d'orchestre écoute répéter ses musiciens, et à tout moment frappant son pupitre de sa règle :

— Monsieur Lefrère, monsieur Lefrère, vous faites un solécisme ! Vous ne vous rappelez donc pas la règle ?...

— Monsieur Plantel, votre tournure de phrase est toute française et nullement latine. Il faut comprendre le génie d'une langue. Tenez, écoutez-moi...

Or, il arriva que les élèves de l'institution Robineau emportèrent, en fin d'année, tous les prix de thème, version et discours latins.

L'an suivant, le patron, un petit homme rusé comme un singe, dont il avait d'ailleurs le physique grimaçant et grotesque, fit imprimer sur ses programmes, sur ses réclames et peindre sur la porte de son institution :

« Spécialité d'études latines. — Cinq premiers prix remportés dans les cinq classes du Lycée.

« Deux prix d'honneur au Concours général avec tous les lycées et collèges de France. »

Pendant dix ans l'institution Robineau triompha de la même façon. Or, mon père, alléché par ces succès, me mit comme externe chez ce Robineau que nous appelions Robinetto ou Robinettino, et me fit prendre des répétitions spéciales avec le père Piquedent, moyennant cinq francs l'heure, sur lesquels le pion touchait deux francs et le patron trois francs. J'avais alors dix-huit ans, et j'étais en philosophie.

Ces répétitions avaient lieu dans une petite chambre qui donnait sur la rue. Il advint que le père Piquedent, au lieu de me parler latin, comme il faisait à l'étude, me raconta ses chagrins en français. Sans parents, sans amis, le pauvre bonhomme me prit en affection et versa dans mon cœur sa misère.

Jamais depuis dix ou quinze ans il n'avait causé seul à seul avec quelqu'un.

— Je suis comme un chêne dans un désert, disait-il. *Sicut quercus in solitudine.*

Les autres pions le dégoûtaient ; il ne connaissait personne en ville, puisqu'il n'avait aucune liberté pour se faire des relations.

— Pas même les nuits, mon ami, et c'est le plus dur pour moi. Tout mon rêve serait d'avoir une chambre avec meubles, mes livres, de petites choses qui m'appartiendraient et auxquelles les autres ne pourraient pas toucher. Et je n'ai rien à moi, rien que ma culotte et ma redingote, rien, pas même mon matelas et mon oreiller ! Je n'ai pas quatre murs où m'enfermer, excepté quand je viens pour donner une leçon dans cette chambre. Comprenez-vous ça, vous ; un homme qui passe toute sa vie sans avoir jamais le droit, sans trouver jamais le temps de s'enfermer tout seul, n'importe où, pour penser, pour réfléchir, pour travailler, pour rêver ? Ah ! mon cher, une clef, la clef d'une porte qu'on peut fermer, voilà le bonheur, le voilà, le seul bonheur !

Ici, pendant le jour, l'étude avec tous ces galopins qui remuent, et pendant la nuit le dortoir avec ces mêmes galopins, qui ronflent. Et je dors dans un lit public au bout des deux files de ces lits de polissons que je dois surveiller. Je ne peux jamais être seul, jamais ! Si je sors, je trouve la rue pleine de monde, et quand je suis fatigué de marcher, j'entre dans un café plein de fumeurs et de joueurs de billard. Je vous dis que c'est un bagne.

Je lui demandais :

— Pourquoi n'avez-vous pas fait autre chose, monsieur Piquedent?

Il s'écriait :

— Et quoi, mon petit ami, quoi? Je ne suis ni bottier, ni menuisier, ni chapelier, ni boulanger, ni coiffeur. Je ne sais que le latin, moi, et je n'ai pas de diplôme qui me permette de le vendre cher. Si j'étais docteur, je vendrais cent francs ce que je vends cent sous; et je le fournirais sans doute de moins bonne qualité, car mon titre suffirait à soutenir ma réputation.

Parfois il me disait :

— Je n'ai de repos dans la vie que les heures passées avec vous. Ne craignez rien, vous n'y perdrez pas. A l'étude, je me rattraperai en vous faisant parler deux fois plus que les autres.

Un jour je m'enhardis, et je lui offris une cigarette. Il me contempla d'abord avec stupeur, puis il regarda la porte :

— Si on entrait, mon cher !

— Eh bien, fumons à la fenêtre, lui dis-je.

Et nous allâmes nous accouder à la fenêtre sur la rue, en cachant au fond de nos mains arrondies en coquille les minces rouleaux de tabac.

En face de nous était une boutique de repasseuses : quatre femmes en caraco blanc promenaient sur le linge, étalé devant elles, le fer lourd et chaud qui dégageait une buée.

Tout à coup une autre, une cinquième portant au bras un large panier qui lui faisait plier la taille, sortit pour aller rendre aux clients leurs chemises, leurs mouchoirs et leurs draps. Elle s'arrêta sur la porte comme si elle eût été fatiguée déjà; puis elle leva les yeux, sourit en nous voyant fumer, nous jeta, de sa main restée libre, un baiser narquois d'ouvrière insouciante; et elle s'en alla d'un pas lent, en traînant ses chaussures.

C'était une fille de vingt ans, petite, un peu maigre, pâle, assez jolie, l'air gamin, les yeux rieurs sous des cheveux blonds mal peignés.

Le père Piquedent, ému, murmura :

— Quel métier, pour une femme ! Un vrai métier de cheval.

Et il s'attendrit sur la misère du peuple. Il avait un cœur exalté de démocrate sentimental, et il parlait des fatigues ouvrières avec des phrases de Jean-Jacques Rousseau et des larmoiements dans la gorge.

Le lendemain, comme nous étions accoudés à la même fenêtre, la même ouvrière nous aperçut et nous cria : « Bonjour les écoliers ! » d'une petite voix drôle, en nous faisant la nique avec ses mains.

Je lui jetai une cigarette, qu'elle se mit aussitôt à fumer. Et les quatre autres repasseuses se précipitèrent sur la porte, les mains tendues, afin d'en avoir aussi.

Et, chaque jour, un commerce d'amitié s'établit entre les travailleuses du trottoir et les fainéants de la pension.

Le père Piquedent était vraiment comique à voir. Il tremblait d'être aperçu, car il aurait pu perdre sa place, et il faisait des gestes timides et farces, toute une mimique d'amoureux sur la scène, à laquelle les femmes répondaient par une mitraille de baisers.

Une idée perfide me germait dans la tête. Un jour, en entrant dans notre chambre, je dis, tout bas, au vieux pion :

— Vous ne croiriez pas, monsieur Piquedent, j'ai rencontré la petite blanchisseuse. Vous savez bien, celle au panier, et je lui ai parlé !

Il demanda un peu troublé par le ton que j'avais pris :

— Que vous a-t-elle dit ?

— Elle m'a dit... mon Dieu... elle m'a dit... qu'elle vous trouvait très bien... Au fond, je crois... je crois... qu'elle est un peu amoureuse de vous...

Je le vis pâlir ; il reprit :

— Elle se moque de moi, sans doute. Ces choses-là n'arrivent pas à mon âge.

Je dis gravement :

— Pourquoi donc ? Vous êtes très bien !

Comme je le sentais touché par ma ruse, je n'insistai pas.

Mais chaque jour, je prétendis avoir rencontré la petite et lui avoir parlé de lui ; si bien qu'il finit par me croire et par envoyer à l'ouvrière des baisers ardents et convaincus.

Or, il arriva qu'un matin, en me rendant à la pension, je la rencontrai vraiment. Je l'abordai sans hésiter comme si je la connaissais depuis dix ans.

— Bonjour, mademoiselle. Vous allez bien ?

— Fort bien, monsieur, je vous remercie !

— Voulez-vous une cigarette ?

— Oh ! pas dans la rue.

— Vous la fumerez chez vous.

— Alors, je veux bien.

— Dites donc, mademoiselle, vous ne savez pas ?

— Quoi donc, monsieur ?

— Le vieux, mon vieux professeur...

— Le père Piquedent ?

— Oui, le père Piquedent. Vous savez donc son nom ?

— Parbleu ! Eh bien ?

— Eh bien, il est amoureux de vous !

Elle se mit à rire comme une folle et s'écria :

— C'te blague !

— Mais non, ce n'est pas une blague. Il me parle de vous tout le temps des leçons. Je parie qu'il vous épousera, moi !

Elle cessa de rire. L'idée du mariage rend grave toutes les filles. Puis elle répéta incrédule :

— C'te blague !

— Je vous jure que c'est vrai.

Elle ramassa son panier posé devant ses pieds.

— Eh bien ! nous verrons, dit-elle.

Et elle s'en alla.

Aussitôt entré à la pension, je pris à part le père Piquedent :

— Il faut lui écrire ; elle est folle de vous.

Et il écrivit une longue lettre doucement tendre, pleine de phrases et de périphrases, de métaphores et de comparaisons, de philosophie et de galanterie universitaire, un vrai chef-d'œuvre de grâce burlesque, que je me chargeai de remettre à la jeune personne.

Elle la lut avec gravité, avec émotion, puis elle murmura :

— Comme il écrit bien ! On voit qu'il a reçu de l'éducation ! C'est-il vrai qu'il m'épouserait ?

Je répondis intrépidement :

— Parbleu ! Il en perd la tête.

— Alors il faut qu'il m'invite à dîner dimanche à l'île des Fleurs ?

Je promis qu'elle serait invitée.

Le père Piquedent fut très touché de tout ce que je lui racontai d'elle.

J'ajoutai :

— Elle vous aime, monsieur Piquedent; et je la crois une honnête fille. Il ne faut pas la séduire et l'abandonner ensuite !

Il répondit avec fermeté :

— Moi aussi je suis un honnête homme, mon ami.

Je n'avais, je l'avoue, aucun projet. Je faisais une farce, une farce d'écolier, rien de plus. J'avais deviné la naïveté du vieux pion, son innocence et sa faiblesse. Je m'amusais sans me demander comment cela tournerait. J'avais dix-huit ans, et je passais pour un madré farceur, au lycée, depuis longtemps déjà.

Donc il fut convenu que le père Piquedent et moi partirions en fiacre jusqu'au bac de la Queue-de-Vache, nous y trouverions Angèle, et je les ferais monter dans mon bateau, car je canotais en ce temps-là. Je les conduirais ensuite à l'île des Fleurs, où nous dînerions tous les trois. J'avais imposé ma présence, pour bien jouir de mon triomphe, et le vieux, acceptant ma combinaison, prouvait bien qu'il perdait la tête en effet en exposant ainsi sa place.

Quand nous arrivâmes au bac, où mon canot était amarré depuis le matin, j'aperçus dans l'herbe, ou plutôt au-dessus des hautes herbes de la berge, une ombrelle rouge énorme, pareille à un coquelicot monstrueux. Sous l'ombrelle nous attendait la petite blanchisseuse endimanchée. Je fus surpris ; elle était vraiment gentille, bien que pâlotte, et gracieuse, bien que d'allure un peu faubourienne.

Le père Piquedent lui tira son chapeau en s'inclinant. Elle lui tendit la main, et ils se regardèrent sans dire un mot. Puis ils montèrent dans mon bateau et je pris les rames.

Ils étaient assis côte à côte, sur le banc d'arrière.

Le vieux parla le premier :

— Voilà un joli temps, pour une promenade en barque.

Elle murmura :

— Oh ! oui.

Elle laissait traîner sa main dans le courant, effleurant l'eau de ses doigts, qui soulevaient un mince filet transparent, pareil à une lame de verre. Cela faisait un bruit léger, un gentil clapot, le long du canot.

Quand on fut dans le restaurant, elle retrouva la parole, commanda le dîner : une friture, un poulet et de la salade ; puis elle nous entraîna dans l'île, qu'elle connaissait parfaitement.

Alors elle fut gaie, gamine et même assez moqueuse.

Jusqu'au dessert, il ne fut pas question d'amour. J'avais offert du champagne, et le père Piquedent était gris. Un peu partie elle-même, elle l'appelait :

— Monsieur Piquenez.

Il dit tout à coup :

— Mademoiselle, monsieur Raoul vous a communiqué mes sentiments.

Elle devint sérieuse comme un juge :

— Oui, monsieur !

— Y répondez-vous ?

— On ne répond jamais à ces questions-là !

Il soufflait d'émotion et reprit :

— Enfin, un jour viendra-t-il où je pourrai vous plaire ?

Elle sourit :

— Gros bête ! Vous êtes très gentil.

— Enfin, mademoiselle, pensez-vous que plus tard, nous pourrions...

Elle hésita, une seconde ; puis d'une voix tremblante :

— C'est pour m'épouser que vous dites ça ? Car jamais autrement, vous savez ?

— Oui, mademoiselle !

— Eh bien ! ça va, monsieur Piquenez !

C'est ainsi que ces deux étourneaux se promirent le mariage, par la faute d'un galopin. Mais je ne croyais pas cela sérieux ; ni eux non plus, peut-être. Une hésitation lui vint à elle :

— Vous savez, je n'ai rien, pas quatre sous.

Il balbutia, car il était ivre comme Silène :

— Moi, j'ai cinq mille francs d'économies.

Elle s'écria triomphante :

— Alors nous pourrions nous établir ?

Il devint inquiet :

— Nous établir quoi ?

— Est-ce que je sais, moi ? Nous verrons. Avec cinq mille francs, on fait bien des choses. Vous ne voulez pas que j'aille habiter dans votre pension, n'est-ce pas

Il n'avait point prévu jusque-là, et il bégayait fort perplexe :

— Nous établir quoi ? Ça n'est pas commode ! Moi je ne sais que le latin !

Elle réfléchissait à son tour, passant en revue toutes les professions qu'elle avait ambitionnées.

— Vous ne pourriez pas être médecin ?

— Non, je n'ai pas de diplôme !

— Ni pharmacien ?

— Pas davantage.

Elle poussa un cri de joie. Elle avait trouvé.

— Alors nous achèterons une épicerie ! Oh ! quelle chance ! nous achèterons une épicerie ! Pas grosse par exemple ; avec cinq mille francs on ne va pas loin.

Il eut une révolte :

— Non, je ne peux pas être épicier... Je suis... je suis... je suis trop connu... Je ne sais que... que... que le latin... moi...

Mais elle lui enfonçait dans la bouche un verre plein de champagne. Il but et se tut.

Nous remontâmes dans le bateau. La nuit était noire, très noire. Je vis bien, cependant, qu'ils se tenaient par la taille et qu'ils s'embrassèrent plusieurs fois.

Ce fut une catastrophe épouvantable.

Notre escapade, découverte, fit chasser le père Piquedent. Et mon père, indigné, m'envoya finir ma philosophie dans la pension Ribaudet.

Je passai mon bachot six semaines plus tard. Puis j'allai à Paris faire mon droit ; et je ne revins dans ma ville natale qu'après deux ans.

Au détour de la rue du Serpent une boutique m'accrocha l'œil. On lisait : *Produits coloniaux Piquedent*. Puis dessous, afin de renseigner les plus ignorants : Épicerie.

Je m'écriai :

— *Quantum mutatus ab illo !*

Il leva la tête, lâcha sa cliente et se précipita sur moi les mains tendues.

— Ah ! mon jeune ami, mon jeune ami, vous voici ! Quelle chance ! Quelle chance !

Une belle femme, très ronde, quitta brusquement le comptoir et se jeta sur mon cœur. J'eus de la peine à la reconnaître tant elle avait engraissé.

Je demandai :

— Alors ça va ?

Piquedent s'était remis à peser :

— Oh ! très bien, très bien, très bien. J'ai gagné trois mille francs nets, cette année !

— Et le latin, monsieur Piquedent ?

— Oh ! mon Dieu, le latin, le latin, le latin, voyez-vous, il ne nourrit pas son homme !

# LE FERMIER

Le baron René du Treilles m'avait dit :
— Voulez-vous venir faire l'ouverture de la chasse avec moi dans ma ferme de Marinville ? Vous me raviriez, mon cher. D'ailleurs, je suis tout seul. Cette chasse est d'un accès si difficile, et la maison où je couche si primitive que je n'y puis mener que des amis tout à fait intimes.

J'avais accepté.

Nous partîmes donc le samedi par le chemin de fer, ligne de Normandie. A la station d'Alvimare on descendit, et le baron

René, me montrant un char à bancs campagnard attelé d'un cheval peureux que maintenait un grand paysan à cheveux blancs, me dit :

— Voici notre équipage, mon cher.

L'homme tendit la main à son propriétaire, et le baron la serra vivement en demandant :

— Eh bien, maître Lebrument, ça va ?

— Toujou d'même, m'sieu 'baron.

Nous montâmes dans cette cage à poulets suspendue et secouée sur deux roues démesurées. Et le jeune cheval, après un écart violent, partit au galop en nous projetant en l'air comme des balles ; chaque retour sur le banc de bois me faisait un mal horrible.

Le paysan répétait de sa voix calme et monotone :

— Là, là, tout beau, tout beau, Moutard, tout beau.

Mais Moutard n'écoutait guère et gambadait comme un chevreau.

Nos deux chiens, derrière nous, dans la partie vide de la cage, s'étaient dressés et reniflaient l'air des plaines où passaient des odeurs de gibier.

Le baron regardait au loin, d'un œil triste, la grande campagne normande, ondulante et mélancolique, pareille à un immense parc anglais, à un parc démesuré, où les cours des fermes entourées de deux ou quatre rangs d'arbres, et pleines de pommiers trapus qui font invisibles les maisons, dessinent à perte de vue les perspectives de futaies, de bouquets de bois et de massifs, que cherchent les jardiniers artistes en traçant les lignes des propriétés princières. Et René du Treilles murmura soudain :

— J'aime cette terre ; j'y ai mes racines.

C'était un Normand pur, haut et large,

un peu ventru, de la vieille race des aventuriers qui allaient fonder des royaumes sur le rivage de tous les océans. Il avait environ cinquante ans, dix ans de moins peut-être que le fermier qui nous conduisait. Celui-là était un maigre, un paysan tout en os couverts de peau sans chair, un de ces hommes qui vivent un siècle.

Après deux heures de route par des chemins pierreux, à travers cette plaine verte et toujours pareille, la guimbarde entra dans une de ces cours à pommiers, et elle s'arrêta devant un vieux bâtiment délabré où une vieille servante attendait à côté d'un jeune gars qui saisit le cheval.

On entra dans la ferme. La cuisine enfumée était haute et vaste. Les cuivres et les faïences brillaient, éclairés par les reflets de l'âtre. Un chat dormait sur une chaise ; un chien dormait sous la table. On sentait, là dedans, le lait, la pomme, la fumée, et cette odeur innommable des vieilles maisons paysannes, odeur du sol, des murs, des meubles, odeur des vieilles soupes répandues, des vieux lavages et des vieux habitants, odeur des bêtes et des gens mêlés, des choses et des êtres, odeur du temps, du temps passé.

Je ressortis pour regarder la cour. Elle était très grande, pleine de pommiers antiques, trapus et tortus, et couverts de fruits, qui tombaient dans l'herbe, autour d'eux. Dans cette cour, le parfum normand des pommes était aussi violent que celui des orangers fleuris sur les rivages du Midi.

Quatre lignes de hêtres entouraient cette enceinte. Ils étaient si hauts qu'ils semblaient atteindre les nuages, à cette heure de nuit tombante, et leurs têtes, où passait le vent du soir, s'agitaient et chantaient une plainte interminable et triste.

Je rentrai. Le baron se chauffait les pieds et écoutait son fermier parler des choses du pays. Il racontait les mariages, les naissances, les morts, puis la baisse des grains et les nouvelles du bétail. La Veularde (une vache achetée à Veules) avait fait son veau à la mi-juin. Le cidre n'avait pas été fameux, l'an dernier. Les pommes d'abricot continuaient à disparaître de la contrée.

Puis on dîna. Ce fut un bon dîner de campagne, simple et abondant, long et tranquille. Et, tout le temps du repas, je remarquai l'espèce particulière d'amicale familiarité qui m'avait frappé, d'abord, entre le baron et le paysan.

Au dehors, les hêtres continuaient à gémir sous les poussées du vent nocturne, et nos deux chiens, enfermés dans une étable, pleuraient et hurlaient d'une façon sinistre. Le feu s'éteignit dans la grande cheminée. La servante était partie se coucher. Maître Lebrument dit à son tour :

— Si vous permettez, m'sieu le baron, j'vas m'mette au lit. J'ai pas coutume d'veiller tard, mé.

Le baron lui tendit la main et lui dit : « Allez, mon ami, » d'un ton si cordial, que je demandai, dès que l'homme eut disparu :

— Il vous est très dévoué, ce fermier ?

— Mieux que cela, mon cher, c'est un drame, un vieux drame tout simple et très triste qui m'attache à lui. Voici d'ailleurs cette histoire...

*
* *

« Vous savez que mon père fut colonel de cavalerie. Il avait eu comme ordonnance ce garçon, aujourd'hui un vieillard, fils d'un fermier. Puis quand mon père donna sa démission, il reprit comme domestique ce soldat qui avait environ quarante ans. Moi, j'en avais trente. Nous habitions alors en notre château de Valrenne, près de Caudebec-en-Caux.

En ce temps-là, la femme de chambre de ma mère était une des plus jolies filles qu'on pût voir, blonde, éveillée, vive, mince, une vraie soubrette, l'ancienne soubrette disparue à présent. Aujourd'hui, ces créatures-là deviennent tout de suite des filles. Paris, au moyen des chemins de fer, les attire, les appelle, les prend dès qu'elles s'épanouissent, ces petites gaillardes qui restaient jadis de simples servantes. Tout homme qui passe, comme autrefois les sergents recruteurs cherchant des conscrits, les embauche et les débauche, ces fillettes, et nous n'avons plus comme bonnes que le rebut de la race femelle, tout ce qui est épais, vilain, commun, difforme, trop laid pour la galanterie.

Donc cette fille était charmante, et je l'embrassais quelquefois dans les coins sombres. Rien de plus ; oh ! rien de plus, je vous le jure. Elle était honnête, d'ailleurs ; et moi je respectais la maison de maman, ce que ne font plus guère les polissons d'aujourd'hui.

Or, il arriva que le valet de chambre de papa, l'ancien troupier, le vieux fermier que vous venez de voir, devint amoureux fou de cette fille, mais amoureux comme on ne l'est pas. D'abord, on s'aperçut qu'il oubliait tout, qu'il ne pensait plus à rien.

Mon père lui répétait sans cesse :

— Voyons, Jean, qu'est-ce que tu as ? Es-tu malade ?

Il répondait :

— Non, non, m'sieu le baron. J'ai rien.

Il maigrit ; puis il cassa des verres en servant à table et laissa tomber des assiettes. On le pensa atteint d'un mal nerveux et on fit venir le médecin, qui crut remarquer les symptômes d'une affection de la moelle épinière. Alors, mon père, plein de sollicitude pour son serviteur, se décida à l'envoyer dans une maison de santé. L'homme, à cette nouvelle, avoua.

Il choisit un matin, pendant que son maître se rasait, et, d'une voix timide :

— M'sieu l' baron...

— Mon garçon.

— C'qui m' faudrait, voyez-vous, c'est point des drogues...

— Ah ! Quoi donc ?

— C'est l' mariage !

Mon père stupéfait se retourna :

— Tu dis? tu dis?... hein?

— C'est l' mariage.

— Le mariage? Tu es donc, tu es donc... amoureux... animal?

— C'est ça, m'sieu l' baron.

Et mon père se mit à rire d'une façon si immodérée, que ma mère cria à travers le mur :

— Qu'est-ce que tu as donc, Gontran?

Il répondit :

— Viens ici, Catherine.

Et quand elle fut entrée, il lui raconta, avec des larmes de gaieté plein les yeux, que son imbécile de valet était tout bêtement malade d'amour.

Au lieu de rire, maman fut attendrie.

— Qui est-ce que tu aimes comme ça, mon garçon?

Il déclara, sans hésiter :

— C'est Louise, madame la baronne.

Et maman reprit avec gravité :

— Nous allons tâcher d'arranger ça pour le mieux.

Louise fut donc appelée et interrogée par ma mère ; et elle répondit qu'elle savait très bien la flamme de Jean, que Jean s'était déclaré plusieurs fois, mais qu'elle ne voulait point de lui. Elle refusa de dire pourquoi.

Et deux mois se passèrent, pendant lesquels papa et maman ne cessèrent de presser cette fille d'épouser Jean. Comme elle jurait n'aimer personne autre, elle ne pouvait apporter aucune raison sérieuse à son refus. Papa, enfin, vainquit sa résistance par un gros cadeau d'argent ; et on les établit, comme fermiers, sur la terre où nous sommes aujourd'hui. Ils quittèrent le château, et je ne les vis plus pendant trois ans.

Au bout de trois ans, j'appris que Louise était morte de la poitrine. Mais mon père et

## LE FERMIER

ma mère moururent à leur tour, et je fus encore deux ans sans me trouver en face de Jean.

Enfin, un automne, vers la fin d'octobre, l'idée me vint d'aller chasser sur cette propriété, gardée avec soin, et que mon fermier m'affirmait être très giboyeuse.

J'arrivai donc, un soir, dans cette maison, un soir de pluie. Je fus stupéfait de trouver l'ancien soldat de mon père avec des cheveux tout blancs, bien qu'il n'eût pas plus de quarante-cinq ou six ans.

Je le fis dîner en face de moi, à cette table où nous sommes. Il pleuvait à verse. On entendait l'eau battre le toit, les murs et les vitres, ruisseler en déluge dans la cour, et mon chien hurlait dans l'étable, comme font les nôtres, ce soir.

Tout à coup, après que la servante fut partie se coucher, l'homme murmura :

— M'sieu l' baron...

— Quoi, maître Jean ?

— J'ai d' quoi à vous dire..

— Dites, maître Jean.

— C'est qu'ça... qu'ça m'chiffonne.

— Dites toujours.

— Vous vous rappelez ben Louise, ma femme ?

— Certainement que je me la rappelle.

— Eh ben, alle m'a chargé d'eune chose pour vous.

— Quelle chose ?

— Eune... eune... comme qui dirait eune confession...

— Ah !... quoi donc ?

— C'est... c'est... j'aimerais ben pas vous l' dire tout d'même... mais i faut... i faut... et ben... c'est pas d' la poitrine qu'alle est morte... c'est... c'est... d' chagrin... v'là la chose au long, pour finir.

Dès qu'alle fut ici, alle maigrit, alle changea, qu'alle n'était pu r'connaissable, au bout d' six mois, pu r'connaissable, m'sieu l' baron. C'était tout comme mé avant d' l'épouser, seulement que c'était l'opposé, tout l'opposé.

J' fis v'nir l' médecin. Il dit qu'alle avait eune maladie d' foie, eune... cune... apatique. Alors j'achetai des drogues, des drogues, des drogues pour pu de trois cents francs. Mais alle n' voulait point les prendre, alle ne voulait point; alle disait :

— Pas la peine, mon pauve Jean. Ça n' s'ra rien.

Mé, j' véyais ben qu'y avait du bobo, au fond. Et pis que je la trouvai pleurant, eune fois ; je savais pu que faire, non, je savais pu. J'y achetai des bonnets, des robes, des pommades pour les cheveux, des bouques

17

d'oreilles. Rien n'y fit. Et j' compris qu'alle allait mourir.

V'là qu'un soir, fin novembre, un soir de neige, qu'alle avait pas quitté son lit d' la journée, alle me dit d'aller quérir l' curé. J'y allai.

Dès qu'i fut venu :

— Jean, qu'alle me dit, j' vas te faire ma confession. Je te la dois. Écoute, Jean. Je t'ai jamais trompé, jamais. Mi avant mi après le mariage, jamais. M'sieu le curé est là pour l' dire, li qui connaît mon âme. Eh ben, écoute, Jean, si j' meurs, c'est parce que j'ai pas pu m' consoler d'être pu au château, parce... j'avais trop... trop d'amitié pour m'sieu l' baron René... Trop d'amitié, t'entends, rien que d' l'amitié. Ça m' tue. Quand je l'ai pu vu, j'ai senti que j' mourrais. Si je l'avais vu, j'aurais existé ; seulement vu, rien de pu. J' veux que tu li dises, un jour, plus tard, quand j' s'rai pu là. Tu li diras. Jure-le... jure-le... Jean, d'vant m'sieu l' curé. Ça m' consolera d' savoir qu'il l' saura un jour, que j' suis morte de ça... v'là... jure-le...

Mé j'ai promis, m'sieu l' baron. Et j'ai tenu ma parole, foi d'honnête homme.

Et il se tut, les yeux dans les miens.

\*
\* \*

Cristi ! mon cher, vous n'avez pas idée de l'émotion qui m'a saisi en entendant ce pauvre diable, dont j'avais tué la femme sans m'en douter, me le raconter comme ça, par cette nuit de pluie, dans cette cuisine.

Je balbutiais :

— Mon pauvre Jean ! mon pauvre Jean !

Il murmura :

— V'là la chose, m'sieu le baron. J'y pouvons rien, ni l'un... ni l'autre... C'est fait...

Je lui pris les mains à travers la table, et je me mis à pleurer.

Il demanda :

— Voulez-vous v'nir à la tombe ?

Je fis : « Oui » de la tête, ne pouvant plus parler.

Il se leva, alluma une lanterne, et nous voici partis à travers la pluie, dont notre lumière éclairait brusquement les gouttes obliques, rapides comme des flèches.

Il ouvrit une porte, et je vis des croix de bois noir.

Il dit soudain : « C'est là », devant une plaque de marbre, et posa dessus sa lanterne afin que je pusse lire l'inscription :

A LOUISE-HORTENSE MARINET
*Femme de Jean-François Lebrument*
*cultivateur*
Elle fut fidèle épouse. Que Dieu ait son âme !

Nous étions à genoux dans la boue, lui et moi, avec la lanterne entre nous, et je regardais la pluie frapper le marbre blanc, rebondir en poussière d'eau, puis s'écouler par les quatre bords de la pierre impénétrable et froide. Et je pensais au cœur de celle qui était morte... Oh! pauvre cœur!... pauvre cœur!...

. . . . . . . . . . . . . . . . . . . . . . . . . .
. . . . . . . . . . . . . . . . . . . . . . . . . .

Depuis lors, je reviens ici, tous les ans. Et, je ne sais pourquoi, je me sens troublé comme un coupable, devant cet homme qui a toujours l'air de me pardonner. »

# CRI D'ALARME

J'ai reçu la lettre suivante. Pensant qu'elle peut être profitable à beaucoup de lecteurs, je m'empresse de la leur communiquer.

Paris, 15 novembre 1886.

Monsieur,

Vous traitez souvent, soit par des contes, soit par des chroniques, des sujets qui ont trait à ce que j'appellerai « la morale courante ». Je viens vous soumettre des réflexions qui doivent, me semble-t-il, vous servir pour un article.

Je ne suis pas marié, je suis garçon, et un peu naïf, à ce qu'il paraît. Mais j'imagine que beaucoup d'hommes, que la plupart des hommes sont naïfs à ma façon. Étant toujours ou presque toujours de bonne foi, je sais mal distinguer les astuces naturelles de mes voisins, et je vais devant moi, les yeux ouverts, sans regarder assez derrière les choses et derrière les attitudes.

Nous sommes habitués, presque tous, à prendre généralement les apparences pour les réalités, et à tenir les gens pour ce qu'ils se donnent ; et bien peu possèdent ce flair qui fait deviner à certains hommes la nature réelle et cachée des autres. Il résulte de là, de cette optique particulière et conventionnelle appliquée à la vie, que nous passons comme des taupes au milieu des événements ; que nous ne croyons jamais à ce qui est, mais à ce qui semble être, que nous crions à l'invraisemblance dès qu'on montre le fait derrière le voile, et que tout ce qui déplaît à notre morale idéaliste est classé par nous comme exception, sans que nous nous rendions compte que l'ensemble de ces exceptions forme presque la totalité des cas ; il en résulte encore que les bons crédules, comme moi, sont dupés par tout le monde, et principalement par les femmes, qui s'y entendent.

Je suis parti de loin pour en venir au fait particulier qui m'intéresse.

J'ai une maîtresse, une femme mariée. Comme beaucoup d'autres, je m'imaginais bien entendu être tombé sur une exception, sur une petite femme malheureuse trompant pour la première fois son mari. Je lui avais fait, ou plutôt je croyais lui avoir fait longtemps la cour, l'avoir vaincue à force de soins et d'amour, avoir triomphé à force de persévérance. J'avais employé en effet mille précautions, mille adresses, mille lenteurs délicates pour arriver à la conquérir.

Or voici ce qui m'est arrivé la semaine dernière.

Son mari étant absent pour quelques jours, elle me demanda de venir dîner chez moi, en garçon, servie par moi pour éviter même la présence d'un domestique. Elle avait une idée fixe qui la poursuivait depuis quatre ou cinq mois, elle voulait se griser, mais se griser tout à fait sans rien craindre, sans avoir à rentrer, à parler à sa femme de chambre, à marcher devant témoins. Souvent elle avait obtenu ce qu'elle appelait un « trouble gai » sans aller plus loin, et elle trouvait cela délicieux. Donc elle s'était promis de se griser une fois, une fois seulement, mais bien. Elle raconta chez elle qu'elle allait passer vingt-quatre heures chez des amis, près de Paris, et elle arriva chez moi à l'heure du dîner.

Une femme, naturellement, ne doit se griser qu'avec du champagne frappé. Elle en but un grand verre à jeun, et, avant les huîtres, elle commençait à divaguer.

Nous avions un dîner froid tout préparé sur une table derrière moi. Il me suffisait d'étendre le bras pour prendre les plats ou les assiettes et je servais tant bien que mal en l'écoutant bavarder.

Elle buvait coup sur coup, poursuivie par son idée fixe. Elle commença par me faire des confidences anodines et interminables sur ses sensations de jeune fille. Elle allait, elle allait, l'œil un peu vague, brillant, la langue déliée; et ses idées légères se déroulaient interminablement comme ces bandes de papier bleu des télégraphistes, qui font marcher toute seule leur bobine et semblent sans fin, et s'allongent toujours au petit bruit de l'appareil électrique qui les couvre de mots inconnus.

De temps en temps elle me demandait :

— Est-ce que je suis grise ?

— Non, pas encore.

Et elle buvait de nouveau.

Elle le fut bientôt. Non pas grise à perdre le sens, mais grise à dire la vérité, à ce qu'il me sembla.

Aux confidences sur ses émotions de jeune fille succédèrent des confidences plus intimes sur son mari. Elle me les fit complètes, gênantes à savoir, sous ce prétexte, cent fois répété : « Je peux bien te dire tout, à toi... A qui est-ce que je dirais tout, si ce n'est à toi. » Je sus donc toutes les habitudes, tous les défauts, toutes les manies et les goûts les plus secrets de son mari.

Et elle me demandait en réclamant une approbation : « Est-il bassin ?... dis-moi, est-il bassin ?... Crois-tu qu'il m'a rasée... hein ?... Aussi, la première fois que je t'ai vu, je me suis dit : « Tiens, il me plaît, « celui-là, je le prendrai pour amant. » C'est alors que tu m'as fait la cour. »

Je dus lui montrer une tête bien drôle, car elle la vit malgré l'ivresse ; et elle se mit à rire aux éclats : « Ah !... grand serin, dit-elle, en as-tu pris des précautions... mais quand on nous fait la cour, gros bête... c'est que nous voulons bien... et alors il faut aller vite, sans quoi on nous laisse attendre... Faut-il être niais pour ne pas comprendre, seulement à voir notre regard, que nous disons « Oui ». Ah! je crois que je t'ai attendu, dadais! Je ne savais pas comment m'y prendre, moi, pour te faire comprendre que j'étais pressée... Ah ! bien oui... des fleurs... des vers... des compliments... encore des fleurs... et puis rien... de plus... J'ai failli te lâcher, mon bon, tant tu étais long à te décider. Et dire qu'il y a la moitié des hommes comme toi, tandis que l'autre moitié... Ah !... ah !... ah !... »

Ce rire me fit passer un frisson dans le dos. Je balbutiai : — « L'autre moitié... alors l'autre moitié ?... »

Elle buvait toujours, les yeux noyés par le vin clair, l'esprit poussé par ce besoin impérieux de dire la vérité qui saisit parfois les ivrognes.

Elle reprit : « Ah ! l'autre moitié va vite... trop vite... mais ils ont raison ceux-là tout de même. Il y a des jours où ça ne leur réussit pas, mais il y a aussi des jours où ça leur rapporte, malgré tout.

Mon cher... si tu savais... comme c'est drôle... deux hommes... Vois-tu, les timides, comme toi, ça n'imaginerait jamais comment sont les autres... et ce qu'ils font... tout de suite... quand ils se trouvent seuls avec nous... Ce sont des risque-tout !... Ils ont des gifles... c'est vrai... mais qu'est-ce que ça leur fait... ils savent bien que nous ne bavarderons jamais. Ils nous connaissent bien, eux... »

Je la regardais avec des yeux d'Inquisiteur et avec une envie folle de la faire parler, de savoir tout. Combien de fois je me l'étais posée, cette question : « Comment se comportent les autres hommes avec les femmes, avec nos femmes ? » Je sentais bien, rien qu'à voir dans un salon, en public, deux hommes parler à la même femme, que ces deux hommes, se trouvant l'un après l'autre en tête-à-tête avec elle, auraient une allure toute différente, bien que la connaissant au même degré. On devine du premier coup d'œil que certains êtres, doués naturellement pour séduire, ou seulement plus dégourdis, plus hardis que nous, arrivent, en une heure de causerie avec une femme qui leur plaît, à un degré d'intimité que nous n'atteignons pas en un an. Eh bien, ces hommes-là, ces séducteurs, ces entreprenants ont-ils, quand l'occasion s'en présente, des audaces de mains et de lèvres qui nous paraîtraient à nous, les tremblants, d'odieux outrages, mais que les femmes peut-être considèrent seulement comme de l'effronterie pardonnable, comme d'indécents hommages à leur irrésistible grâce ?

Je lui demandai donc : « Il y en a qui sont très inconvenants, n'est-ce pas, des hommes ? »

Elle se renversa sur sa chaise pour rire

plus à son aise, mais d'un rire énervé, malade, un de ces rires qui tournent en attaques de nerfs; puis, un peu calmée, elle reprit : « Ah ! ah ! mon cher, inconvenants ?... c'est-à-dire qu'ils osent tout... tout de suite..., tout... tu entends... et bien d'autres choses encore... »

Je me sentis révolté comme si elle venait de me révéler une chose monstrueuse.

— Et vous permettez ça, vous autres ?...

— Non... nous ne permettons pas... nous giflons... mais ça nous amuse tout de même... Ils sont bien plus amusants que vous, ceux-là !... Et puis avec eux on a toujours peur, on n'est jamais tranquille... et c'est délicieux d'avoir peur... peur de ça surtout. Il faut les surveiller tout le temps... c'est comme si on se battait en duel... On regarde dans leurs yeux où sont leurs pensées, et où vont leurs mains. Ce sont des goujats, si tu veux, mais ils nous aiment bien mieux que vous !...

Une sensation singulière et imprévue m'envahissait. Bien que garçon, et résolu à rester garçon, je me sentis tout à coup l'âme d'un mari devant cette impudente confidence. Je me sentis l'ami, l'allié, le frère de tous ces hommes confiants et qui sont, sinon volés, du moins fraudés par tous ces écumeurs de corsages.

C'est encore à cette bizarre émotion que j'obéis en ce moment, en vous écrivant, monsieur, et en vous priant de jeter pour moi un cri d'alarme vers la grande armée des époux tranquilles.

Cependant des doutes me restaient, cette femme était ivre et devait mentir.

Je repris : « Comment est-ce que vous ne racontez jamais ces aventures-là à personne, vous autres ? »

Elle me regarda avec une pitié profonde et si sincère que je la crus, pendant une minute, dégrisée par l'étonnement.

« Nous... Mais que tu es bête, mon cher. Est-ce qu'on parle jamais de ça... Ah! ah! ah! Est-ce que ton domestique te raconte ses petits profits, le sou du franc, et les autres. Eh bien, ça, c'est notre sou du franc. Le mari ne doit pas se plaindre, quand nous n'allons point plus loin. Mais que tu es bête!... Parler de ça, ce serait donner l'alarme à tous les niais! Mais que tu es bête!... Et puis quel mal ça fait-il, du moment qu'on ne cède pas! »

Je demandai encore, très confus :

— Alors, on t'a souvent embrassée ?

Elle répondit avec un air de mépris souverain pour l'homme qui en pouvait douter : « Parbleu... Mais toutes les femmes ont été embrassées souvent... Essaye avec n'importe qui, pour voir, toi, gros serin. Tiens, embrasse M^{me} de X..., elle est toute jeune, très honnête... Embrasse, mon ami,... embrasse... et touche... tu verras... tu verras... Ah ! ah ! ah !... »

. . . . . . . . . . . . . . . . . . . . .

Tout à coup elle jeta son verre plein dans le lustre. Le champagne retomba en pluie, éteignit trois bougies, tacha les tentures, inonda la table, tandis que le cristal brisé s'éparpillait dans ma salle à manger. Puis elle voulut saisir la bouteille pour en faire autant, je l'en empêchai ; alors elle se mit à crier, d'une voix suraiguë... et l'attaque de nerfs arriva... comme je l'avais prévu...

. . . . . . . . . . . . . . . . . . . . .

Quelques jours plus tard, je ne pensais

plus guère à cet aveu de femme grise, quand je me trouvai, par hasard, en soirée avec cette Mme de X... que ma maîtresse m'avait conseillé d'embrasser. Habitant le même quartier qu'elle, je lui proposai de la reconduire à sa porte, car elle était seule, ce soir-là. Elle accepta.

Dès que nous fûmes en voiture, je me dis : « Allons, il faut essayer », mais je n'osai pas. Je ne savais comment débuter, comment attaquer.

Puis, tout à coup j'eus le courage désespéré des lâches. Je lui dis :

— Comme vous étiez jolie, ce soir.

Elle répondit en riant :

— Ce soir était donc une exception, puisque vous l'avez remarqué pour la première fois ?

Je restais déjà sans réponse. La guerre galante ne me va point décidément. Je trouvai ceci, pourtant, après un peu de réflexion :

— Non, mais je n'ai jamais osé vous le dire.

Elle fut étonnée :

— Pourquoi ?

— Parce que c'est... c'est un peu difficile.

— Difficile de dire à une femme qu'elle est jolie ? Mais d'où sortez-vous ? On doit toujours le dire... même quand on ne le pense qu'à moitié... parce que ça nous fait toujours plaisir à entendre...

Je me sentis animé tout à coup d'une audace fantastique, et, la saisissant par la taille, je cherchai sa bouche avec mes lèvres.

Cependant je devais trembler, et ne pas lui paraître si terrible. Je dus aussi combiner et exécuter fort mal mon mouvement, car elle ne fit que tourner la tête pour éviter mon contact, en disant : « Oh ! mais non... c'est trop... c'est trop... Vous allez trop vite... prenez garde à ma coiffure... On n'embrasse pas une femme qui porte une coiffure comme la mienne !... »

J'avais repris ma place, éperdu, désolé de cette déroute. Mais la voiture s'arrêtait devant sa porte. Elle descendit, me tendit la main, et, de sa voix la plus gracieuse : « Merci de m'avoir ramenée, cher monsieur,... et n'oubliez pas mon conseil. »

Je l'ai revue trois jours plus tard. Elle avait tout oublié.

Et moi, monsieur, je pense sans cesse aux autres... aux autres... à ceux qui savent compter avec les coiffures et saisir toutes les occasions...

. . . . . . . . . . . . . . . . . . . .

Je livre cette lettre, sans y rien ajouter, aux réflexions des lectrices et des lecteurs, mariés ou non.

# ÉTRENNES

Jacques de Randal, ayant dîné seul chez lui, dit à son valet de chambre qu'il pouvait sortir et il s'assit devant sa table pour écrire des lettres.

Il finissait ainsi toutes les années, seul, écrivant et rêvassant. Il faisait pour lui une sorte de revue des choses passées depuis le dernier jour de l'an, des choses finies, des choses mortes ; et à mesure que surgissaient devant ses yeux les visages de ses amis, il leur écrivait quelques lignes, un bonjour cordial du 1er janvier.

Donc il s'assit, ouvrit un tiroir, prit dedans une photographie de femme, la regarda quelques secondes, et la baisa. Puis, l'ayant posée à côté de sa feuille de papier, il commença :

« Ma chère Irène, vous avez dû recevoir tantôt le petit souvenir que j'adresse à la femme ; je me suis enfermé ce soir, pour vous dire... »

La plume resta immobile. Jacques se leva et se mit à marcher.

Depuis dix mois il avait une maîtresse, non point une maîtresse comme les autres, une femme à aventures, du monde du théâtre ou de la rue, mais une femme qu'il avait aimée et conquise. Il n'était plus un jeune homme, bien qu'il fût encore un homme jeune, et il regardait la vie sérieusement en esprit positif et pratique.

Donc il se mit à faire le bilan de sa passion comme il faisait, chaque année, la balance des amitiés disparues ou nouvelles, des faits et des gens entrés dans son existence.

Sa première ardeur d'amour s'étant calmée, il se demanda, avec une précision de commerçant qui compte, quel était l'état de son cœur pour elle, et il tâcha de deviner ce qu'il serait dans l'avenir.

Il y trouva une grande et profonde affection, faite de tendresse, de reconnaissance et des mille attaches menues d'où naissent les longues et fortes liaisons.

Un coup de sonnette le fit sauter. Il hésita. Ouvrirait-il? Mais il se dit qu'il faut toujours ouvrir, en cette nuit du nouvel an, ouvrir à l'Inconnu qui passe et frappe, quel qu'il soit.

Il prit donc une bougie, traversa l'antichambre, ôta les verrous, tourna la clef, attira la porte à lui et aperçut sa maîtresse, debout, pâle comme une morte, les mains appuyées au mur.

Il balbutia :

— Qu'avez-vous ?

Elle répondit :

— Tu es seul ?

— Oui.

— Sans domestiques ?

— Oui.

— Tu n'allais pas sortir ?

— Non.

Elle entra, en femme qui connaît la maison. Dès qu'elle fut dans le salon, elle s'affaissa sur le divan, et couvrant son visage de ses mains, se mit à pleurer affreusement.

Il s'était agenouillé devant elle, s'efforçant d'écarter ses bras, de voir ses yeux et répétant :

— Irène, Irène, qu'avez-vous? Je vous en supplie, dites-moi ce que vous avez?

Alors elle murmura, au milieu des sanglots :

— Je ne puis plus vivre ainsi.

Il ne comprenait pas.

— Vivre ainsi?... Comment?...

— Oui. Je ne peux plus vivre ainsi... chez moi... Tu ne sais pas..., je ne te l'ai jamais dit... C'est affreux... Je ne peux plus... je souffre trop... Il m'a frappée tantôt...

— Qui... ton mari?

— Oui... mon mari.

— Ah!...

Il s'étonnait, n'ayant jamais soupçonné que ce mari pût être brutal. C'était un homme du monde, du meilleur, un homme de cercle, de cheval, de coulisses et d'épée; connu, cité, apprécié partout, ayant des manières fort courtoises, un esprit fort médiocre, l'absence d'instruction et d'intelligence réelle indispensable pour penser comme tous les gens bien élevés, et le respect de tous les préjugés comme il faut.

Il paraissait s'occuper de sa femme comme on doit le faire entre personnes riches et bien nées. Il s'inquiétait suffisamment de ses désirs, de sa santé, de ses toilettes, et la laissait parfaitement libre d'ailleurs.

Randal, devenu l'ami d'Irène, avait droit à la poignée de main affectueuse que tout mari qui sait vivre doit aux familiers de sa femme. Puis quand Jacques, après avoir été quelque temps l'ami, devint l'amant, ses relations avec l'époux furent plus cordiales, comme il convient.

Jamais il n'avait vu ou deviné des orages dans cette maison, et il demeurait effaré devant cette révélation inattendue.

Il demanda :

— Comment cela est-il arrivé, dis-moi?

Alors elle raconta une longue histoire, toute l'histoire de sa vie, depuis le jour de son mariage. La première désunion née d'un rien, puis s'accentuant de tout l'écart qui grandissait chaque jour entre deux caractères opposés.

Puis étaient venues des querelles, une séparation complète, non apparente, mais effective, puis son mari s'était montré agressif, ombrageux, violent. Maintenant il était jaloux, jaloux de Jacques, et, ce jour-là même, après une scène, il l'avait frappée.

Elle ajouta avec fermeté : — « Je ne rentrerai plus chez lui. Fais de moi ce que tu voudras. »

Jacques s'était assis en face d'elle, leurs genoux se touchant. Il lui prit les mains :

— Ma chère amie, vous allez faire une

grosse, une irréparable sottise. Si vous voulez quitter votre mari, mettez les torts de son côté, de telle sorte que votre situation de femme, de femme du monde irréprochable, reste sauve.

Elle demanda en lui jetant un coup d'œil inquiet :

— Alors, que me conseilles-tu ?

— De rentrer chez vous, et d'y supporter la vie jusqu'au jour où vous pourrez obtenir soit une séparation, soit un divorce, avec les honneurs de la guerre.

— N'est-ce pas un peu lâche, ce que vous me conseillez là ?

— Non, c'est sage et raisonnable. Vous avez une haute situation, un nom à sauvegarder, des amis à conserver et des parents à ménager. Il ne faut point l'oublier et perdre tout cela par un coup de tête.

Elle se leva, et, avec violence : — « Eh

bien, non, je ne peux plus, c'est fini, c'est fini, c'est fini ! »

Puis, posant ses deux mains sur les épaules de son amant et le regardant au fond des yeux :

— M'aimes-tu ?

— Oui.

— Bien vrai ?

— Oui.

— Alors, garde-moi.

Il s'écria :

— Te garder ? Chez moi ? Ici ? Mais tu es folle ! ce serait te perdre à tout jamais ; te perdre sans retour ! Tu es folle !

Elle reprit, lentement, avec gravité, en femme qui sent le poids de ses paroles :

— Écoutez, Jacques. Il m'a défendu de vous revoir et je ne jouerai pas cette comédie de venir chez vous en cachette. Il faut, ou me perdre, ou me prendre.

— Ma chère Irène, dans ce cas-là, obtenez votre divorce et je vous épouserai.

— Oui, vous m'épouserez dans... deux ans au plus tôt. Vous avez la tendresse patiente.

— Voyons, réfléchissez. Si vous demeurez ici, il vous reprendra demain, puisqu'il est votre mari, puisqu'il a pour lui le droit et la loi.

— Je ne vous demandais pas de me garder chez vous, Jacques, mais de m'emmener n'importe où. Je croyais que vous m'aimiez assez pour cela. Je me suis trompée. Adieu.

Elle se retourna et partit vers la porte, si vite qu'il la saisit seulement quand elle sortait du salon.

— Écoutez, Irène...

Elle se débattait, ne voulant plus rien entendre, les yeux pleins de larmes et balbutiant : « Laissez-moi... Laissez-moi... Laissez-moi... »

Il la fit asseoir de force et s'agenouilla de nouveau devant elle, puis il tâcha, en accumulant les raisons et les conseils, de lui faire comprendre la folie et l'affreux danger de son projet. Il n'oublia rien de ce qu'il fallait dire pour la convaincre, cherchant, dans sa tendresse même, des motifs de persuasion.

Comme elle restait muette et glacée, il la pria, la supplia de l'écouter, de le croire, de suivre son avis.

Lorsqu'il eut fini de parler, elle répondit seulement :

— Êtes-vous disposé à me laisser partir, maintenant ? Lâchez-moi, que je puisse me lever.

— Voyons, Irène...

— Voulez-vous me lâcher ?

— Irène... votre résolution est irrévocable ?

— Voulez-vous me lâcher !

— Dites-moi seulement si votre résolution, si votre folle résolution que vous regretterez amèrement, est irrévocable ?

— Oui... Lâchez-moi.

— Alors, reste. Tu sais bien que tu es chez toi ici. Nous partirons demain matin.

Elle se leva malgré lui, et, durement :

— Non. Il est trop tard. Je ne veux pas de sacrifice, je ne veux pas de dévouement.

— Reste. J'ai fait ce que je devais faire, j'ai dit ce que je devais dire. Je ne suis plus responsable envers toi. Ma conscience est tranquille. Exprime tes désirs et j'obéirai.

Elle se rassit, le regarda longtemps, puis demanda, d'une voix très calme :

— Alors, explique.

— Quoi ? Que veux-tu que j'explique ?

— Tout... Tout ce que tu as pensé pour changer comme ça de résolution. Moi, alors, je verrai ce que je dois faire.

— Mais je n'ai rien pensé du tout. Je devais te prévenir que tu allais accomplir une folie. Tu persistes, je demande ma part de cette folie, et même je l'exige.

— Ça n'est pas naturel de changer d'avis si vite.

— Écoute, ma chère amie. Il ne s'agit ici ni de sacrifice ni de dévouement. Le jour où j'ai compris que je t'aimais, je me suis dit ceci, que tous les amoureux devraient se dire dans le même cas :

L'homme qui aime une femme, qui s'efforce de la conquérir, qui l'obtient et qui la prend, contracte vis-à-vis de lui-même et vis-à-vis d'elle un engagement sacré. Il s'agit, bien entendu, d'une femme comme vous, et non d'une femme au cœur ouvert, au cœur facile.

Le mariage, qui a une grande valeur sociale, une grande valeur légale, ne possède à mes yeux qu'une très légère valeur morale, étant données les conditions où il a lieu généralement.

Donc, quand une femme, attachée par ce lien juridique, mais qui n'aime pas son mari, qui ne peut l'aimer, dont le cœur est libre, rencontre un homme qui lui plaît, et se donne à lui, quand un homme sans liaison prend une femme ainsi, je dis qu'ils s'engagent l'un vis-à-vis de l'autre, de par ce mutuel et libre consentement, bien plus que par le « oui » murmuré devant l'écharpe du maire.

Je dis que, s'ils sont tous deux gens d'honneur, leur union doit être plus intime, plus forte, plus saine que si tous les sacrements l'avaient consacrée.

Cette femme risque tout. Et c'est justement parce qu'elle le sait, parce qu'elle donne tout, son cœur, son corps, son âme, son honneur, sa vie, parce qu'elle a prévu toutes les misères, tous les dangers, toutes les catastrophes, parce qu'elle ose un acte hardi, un acte intrépide, parce qu'elle est préparée, décidée à tout braver, son mari qui peut la tuer et le monde qui peut la rejeter, c'est pour cela qu'elle est respectable dans son infidélité conjugale, c'est pour cela que son amant en la prenant doit avoir aussi tout prévu, et la préférer à tout, quoi qu'il arrive. Je n'ai plus rien à dire. J'ai parlé d'abord en homme sage qui devait vous prévenir, il ne reste plus en moi qu'un homme, celui qui vous aime. Ordonnez.

Radieuse, elle lui ferma la bouche avec ses lèvres, elle lui dit tout bas :

— Ce n'était pas vrai, chéri, il n'y a rien, mon mari ne se doute de rien. Mais je voulais voir, je voulais savoir ce que tu ferais, je voulais des... des étrennes... celles de ton cœur... d'autres étrennes que le collier de tantôt. Tu me les as données. Merci..., merci... Dieu que je suis contente !

# APRÈS

Mes chéris, dit la comtesse, il faut aller vous coucher.

Les trois enfants, filles et garçon, se levèrent, et ils allèrent embrasser leur grand'mère.

Puis, ils vinrent dire bonsoir à M. le curé, qui avait dîné au château, comme il faisait tous les jeudis.

L'abbé Mauduit en assit deux sur ses genoux, passant ses longs bras vêtus de noir derrière le cou des enfants, et, rapprochant leurs têtes, d'un mouvement paternel, il les baisa sur le front d'un long baiser tendre.

Puis, il les remit à terre, et les petits êtres s'en allèrent, le garçon devant, les filles derrière.

— Vous aimez les enfants, monsieur le curé, dit la comtesse.

— Beaucoup, madame.

La vieille femme leva sur le prêtre ses yeux clairs.

— Et... votre solitude ne vous a jamais trop pesé ?

— Si, quelquefois.

Il se tut, hésita, puis reprit : « Mais je n'étais pas né pour la vie ordinaire. »

— Qu'est-ce que vous en savez ?

— Oh ! je le sais bien. J'étais fait pour être prêtre, j'ai suivi ma voie.

La comtesse le regardait toujours :

— Voyons, monsieur le curé, dites-moi ça,

dites-moi comment vous vous êtes décidé à renoncer à tout ce qui nous fait aimer la vie, nous autres, à tout ce qui nous console et nous soutient. Qui est-ce qui vous a poussé, déterminé à vous écarter du grand chemin naturel, du mariage et de la famille? Vous n'êtes ni un exalté, ni un fanatique, ni un sombre, ni un triste. Est-ce un événement, un chagrin, qui vous a décidé à prononcer des vœux éternels?

L'abbé Mauduit se leva et se rapprocha du feu, puis tendit aux flammes ses gros souliers de prêtre de campagne. Il semblait toujours hésiter à répondre.

C'était un grand vieillard à cheveux blancs qui desservait depuis vingt ans la commune de Saint-Antoine-du-Rocher. Les paysans disaient de lui : « En v'là un brave homme! »

C'était un brave homme en effet, bienveillant, familier, doux, et surtout généreux. Comme saint Martin, il eût coupé en deux son manteau. Il riait volontiers et pleurait aussi pour peu de chose, comme une femme, ce qui lui nuisait même un peu dans l'esprit dur des campagnards.

La vieille comtesse de Saville, retirée en son château du Rocher, pour élever ses petits-enfants, après la mort successive de son fils et de sa belle-fille, aimait beaucoup son curé, et disait de lui : « C'est un cœur. »

Il venait tous les jeudis passer la soirée chez la châtelaine, et ils s'étaient liés, d'une bonne et franche amitié de vieillards. Ils s'entendaient presque sur tout à demi-mot, étant tous les deux bons de la simple bonté des gens simples et doux.

Elle insistait : « Voyons, monsieur le curé, confessez-vous à votre tour. »

Il répéta : « Je n'étais pas né pour la vie

de tout le monde. Je m'en suis aperçu à temps, heureusement, et j'ai bien souvent constaté que je ne m'étais pas trompé.

Mes parents, marchands merciers à Verdiers, et assez riches, avaient beaucoup d'ambition pour moi. On me mit en pension fort jeune. On ne sait pas ce que peut souffrir un enfant dans un collège, par le seul fait de la séparation, de l'isolement. Cette vie uniforme et sans tendresse est bonne pour les uns, détestable pour les autres. Les petits êtres ont souvent le cœur bien plus sensible qu'on ne croit, et en les enfermant ainsi trop tôt, loin de ceux qu'ils aiment, on peut développer à l'excès une sensibilité qui s'exalte, devient maladive et dangereuse.

Je ne jouais guère ; je n'avais pas de camarades, je passais mes heures à regretter la maison, je pleurais la nuit dans mon lit, je me creusais la tête pour retrouver des souvenirs de chez moi, des souvenirs insignifiants de petites choses, de petits faits. Je pensais sans cesse à tout ce que j'avais laissé là-bas. Je devenais tout doucement un exalté pour qui les plus légères contrariétés étaient d'affreux chagrins.

Avec cela je demeurais taciturne, renfermé, sans expansion, sans confidents. Ce travail d'excitation mentale se faisait obscurément et sûrement. Les nerfs des enfants sont vite agités ; on devrait veiller à ce qu'ils vivent dans une paix profonde, jusqu'à leur développement presque complet. Mais qui donc songe que, pour certains collégiens, un pensum injuste peut être une aussi grosse douleur que le sera plus tard la mort d'un ami ; qui donc se rend compte exactement que certaines jeunes âmes ont pour presque rien des émotions terribles, et sont, en peu de temps, des âmes malades, inguérissables?

Ce fut mon cas; cette faculté de regret se développa en moi d'une telle façon que toute mon existence devint un martyre.

Je ne le disais pas, je ne disais rien; mais je devins peu à peu d'une sensibilité ou plutôt d'une sensitivité si vive que mon âme ressemblait à une plaie vive. Tout ce qui la touchait y produisait des tiraillements de souffrance, des vibrations affreuses et par suite de vrais ravages. Heureux les hommes que la nature a cuirassés d'indifférence et armés de stoïcisme!

J'atteignis seize ans. Une timidité excessive m'était venue de cette aptitude à souffrir de tout. Me sentant découvert contre toutes les attaques du hasard ou de la destinée, je redoutais tous les contacts, toutes les approches, tous les événements.

Je vivais en éveil comme sous la menace constante d'un malheur inconnu et toujours attendu. Je n'osais ni parler, ni agir en public. J'avais bien cette sensation que la vie est une bataille, une lutte effroyable où on reçoit des coups épouvantables, des blessures douloureuses, mortelles. Au lieu de nourrir, comme tous les hommes, l'espérance heureuse du lendemain, j'en gardais seulement la crainte confuse et je sentais en moi une envie de me cacher, d'éviter ce combat où je serais vaincu et tué.

Mes études finies, on me donna six mois de congé pour choisir une carrière. Un événement bien simple me fit voir clair en moi tout à coup, me montra l'état maladif de mon esprit, me fit comprendre le danger et me décida à le fuir.

Verdiers est une petite ville entourée de plaines et de bois. Dans la rue centrale se trouvait la maison de mes parents. Je passais maintenant mes journées loin de cette demeure que j'avais tant regrettée, tant désirée. Des rêves s'étaient réveillés en moi et je me promenais dans les champs tout seul pour les laisser s'échapper, s'envoler.

Mon père et ma mère, tout occupés de leur commerce et préoccupés de mon avenir, ne me parlaient que de leur vente ou de mes projets possibles. Ils m'aimaient en gens positifs, d'esprit pratique, ils m'aimaient avec leur raison bien plus qu'avec leur cœur ; je vivais muré dans mes pensées et frémissant de mon éternelle inquiétude.

Or, un soir, après une longue course, j'aperçus, comme je revenais à grands pas afin de ne point me mettre en retard, un chien qui galopait vers moi. C'était une sorte d'épagneul rouge, fort maigre, avec de longues oreilles frisées.

Quand il fut à dix pas il s'arrêta. Et j'en fis autant. Alors il se mit à agiter sa queue et il s'approcha à petits pas avec des mouvements craintifs de tout le corps, en fléchissant sur ses pattes comme pour m'implorer et en remuant doucement la tête. Je l'appelai. Il fit alors mine de ramper avec une allure si humble, si triste, si suppliante, que je me sentis les larmes aux yeux. J'allai vers lui, il se sauva, puis revint et je mis un genou par terre en lui débitant des douceurs afin de l'attirer. Il se trouva enfin à portée de ma main et, tout doucement, je le caressai avec des précautions infinies.

Il s'enhardit, se releva peu à peu, posa ses pattes sur mes épaules et se mit à me lécher la figure. Il me suivit jusqu'à la maison.

Ce fut vraiment le premier être que j'aimai passionnément, parce qu'il me rendait ma tendresse. Mon affection pour cette bête fut certes exagérée et ridicule. Il me semblait confusément que nous étions deux frères, perdus sur la terre, aussi isolés et sans défense l'un que l'autre. Il ne me quittait plus, dormait au pied de mon lit, mangeait à table malgré le mécontentement de mes parents et il me suivait dans mes courses solitaires.

Souvent je m'arrêtais sur les bords d'un fossé et je m'asseyais dans l'herbe. Sam aussitôt accourait, se couchait à mes côtés ou sur mes genoux et il soulevait ma main du bout de son museau afin de se faire caresser.

Un jour, vers la fin de juin, comme nous étions sur la route de Saint-Pierre-de-Chavrol, j'aperçus venir la diligence de Ravereau. Elle accourait au galop des quatre chevaux, avec son coffre jaune et la casquette de cuir noir qui coiffait son impériale. Le cocher faisait claquer son fouet ; un nuage de poussière s'élevait sous les roues de la lourde voiture, puis flottait par derrière, à la façon d'un nuage.

Et tout à coup, comme elle arrivait à moi, Sam, effrayé peut-être par le bruit et voulant me joindre, s'élança devant elle. Le pied d'un cheval le culbuta, je le vis rouler, tourner, se relever, retomber sous toutes ces jambes, puis la voiture entière eut deux grandes secousses et j'aperçus derrière elle, dans la poussière, quelque chose qui s'agitait sur la route. Il était presque coupé en deux : tout l'intérieur de son ventre déchiré pendait, sortait avec des bouillons de sang. Il essayait de se relever, de marcher, mais les deux pattes de devant pouvaient seules remuer et grattaient la terre, comme pour faire un trou ; les deux autres étaient déjà mortes. Et il hurlait affreusement, fou de douleur.

Il mourut en quelques minutes. Je ne puis exprimer ce que je ressentis et combien j'ai souffert. Je gardai la chambre pendant un mois.

Or, un soir, mon père furieux de me voir dans cet état pour si peu, s'écria : « Qu'est-ce que ce sera donc quand tu auras de vrais chagrins, si tu perds ta femme, tes enfants ! On n'est pas bête à ce point-là ! »

Ce mot dès lors me resta dans la tête, me hanta : « Qu'est-ce que ce sera donc quand tu auras de vrais chagrins, si tu perds ta femme, tes enfants. »

Et je commençai à voir clair en moi. Je compris pourquoi toutes les petites misères de chaque jour prenaient à mes yeux une importance de catastrophe ; je m'aperçus que j'étais organisé pour souffrir affreusement de tout, pour percevoir, multipliées par ma sensibilité malade, toutes les impressions douloureuses, et une peur atroce de la vie me saisit. J'étais sans passions, sans ambitions ; je me décidai à sacrifier les joies possibles pour éviter les douleurs certaines. L'existence est courte, je la passerai au service des autres, à soulager leurs peines et à jouir de leur bonheur, me disais-je. N'éprouvant directement ni les unes ni les autres, je n'en recevrai que les émotions affaiblies.

Et si vous saviez cependant comme la misère me torture, me ravage ! Mais ce qui aurait été pour moi une intolérable souffrance est devenu de la commisération, de la pitié.

Ces chagrins que je touche à chaque instant, je ne les aurais pas supportés tombant sur mon propre cœur. Je n'aurais pas pu voir mourir un de mes enfants sans mourir moi-même. Et j'ai gardé malgré tout une telle peur obscure et pénétrante des événements, que la vue du facteur entrant chez moi me fait passer chaque jour un frisson dans les veines, et pourtant je n'ai plus rien à craindre maintenant. »

L'abbé Mauduit se tut. Il regardait le feu dans la grande cheminée, comme pour y voir des choses mystérieuses, tout l'inconnu de l'existence qu'il aurait pu vivre s'il avait été plus hardi devant la souffrance. Il reprit d'une voix plus basse :

— J'ai eu raison. Je n'étais point fait pour ce monde.

La comtesse ne disait rien ; enfin, après un long silence, elle prononça : « Moi, si je n'avais pas mes petits-enfants, je crois que je n'aurais plus le courage de vivre. »

Et le curé se leva sans dire un mot de plus.

Comme les domestiques sommeillaient dans la cuisine, elle le conduisit elle-même jusqu'à la porte qui donnait sur le jardin et elle regarda s'enfoncer dans la nuit sa grande ombre lente qu'éclairait un reflet de lampe.

Puis elle revint s'asseoir devant son feu et elle songea à bien des choses auxquelles on ne pense point quand on est jeune.

# TABLE DES MATIÈRES

Le colporteur . . . . . . . . . . . . . . . . . . . . . . 1
Auprès d'un mort . . . . . . . . . . . . . . . . . . . 21
La serre . . . . . . . . . . . . . . . . . . . . . . . . . . 33
Un duel . . . . . . . . . . . . . . . . . . . . . . . . . . 49
Une soirée . . . . . . . . . . . . . . . . . . . . . . . . 63
Jadis . . . . . . . . . . . . . . . . . . . . . . . . . . . . 87
Le vengeur . . . . . . . . . . . . . . . . . . . . . . . 99
L'attente . . . . . . . . . . . . . . . . . . . . . . . . 113
Première neige . . . . . . . . . . . . . . . . . . . 127
La farce . . . . . . . . . . . . . . . . . . . . . . . . 151
Lettre trouvée sur un noyé . . . . . . . . . . 165
L'horrible . . . . . . . . . . . . . . . . . . . . . . . 181
Le tic . . . . . . . . . . . . . . . . . . . . . . . . . . 197
Fini . . . . . . . . . . . . . . . . . . . . . . . . . . . 213
Mes 25 jours . . . . . . . . . . . . . . . . . . . . 231
La question du latin . . . . . . . . . . . . . . 251

## TABLE DES MATIÈRES

Le fermier . . . . . . . . . . . . . . . . . . . . . . 275
Cri d'alarme . . . . . . . . . . . . . . . . . . . . 295
Étrennes . . . . . . . . . . . . . . . . . . . . . . . 313
Après . . . . . . . . . . . . . . . . . . . . . . . . . 329

---

ÉVREUX, IMPRIMERIE DE CHARLES HÉRISSEY

LIBRAIRIE PAUL OLLENDORFF
50, Chaussée d'Antin, 50

## NOUVELLE COLLECTION ARTISTIQUE
A 3 fr. 50 le volume.

PAUL ADAM

# Basile et Sophia

ILLUSTRATIONS DE C.-H. DUFAU

*Paul Adam est l'homme qui connaît sans doute le mieux l'époque byzantine et a le plus profondément pénétré dans ses splendeurs et ses atrocités. L'âme de Byzance revit dans Basile et Sophia, au milieu des tumultes et des drames, parmi les révoltes populaires ou dans l'éclat des fêtes et la lourde atmosphère*

des orgies. Aucun livre n'égale celui-ci par la couleur, le mouvement et la peinture des passions humaines.

L'illustration de Basile et Sophia *a été confiée à* C.-H. Dufau,

l'artiste dont l'imagination souple et féconde, jointe à une surprenante assimilation de l'époque restituée, a su rendre l'illustration de Basile et Sophia *aussi vivante et émouvante que le texte éclatant de l'écrivain.*

## OCTAVE MIRBEAU

# LE CALVAIRE

ILLUSTRATIONS DE JEANNIOT
Un volume grand in-16 jésus, 3 fr. 50

## LE CALVAIRE

*Le Calvaire est peut-être le livre le plus puissant du grand écrivain qu'est Octave Mirbeau. C'est une Manon Lescaut moderne, l'histoire d'une liaison farouche et passionnée, qui raconte tout ce que l'amour de deux êtres peut avoir de tragique et de violent ; c'est l'histoire de l'enlizement d'un homme, de la mort lente de sa volonté.*

*Le grand dessinateur Jeanniot, dont on sait la force d'évocation et l'habileté puissante à saisir la vie, était désigné par la nature de son talent pour illustrer le Calvaire de Mirbeau, et il en saura rendre l'ironie souvent terrible et l'émouvante vérité.*

---

## ABEL HERMANT

# Les Confidences d'une Aïeule

Illustrations de Louis MORIN

Un volume grand in-16 jésus. Prix, 3 fr. 50.

---

*Les Confidences d'une Aïeule : c'est le récit, à la fois fantaisiste et réaliste, de l'existence mouvementée d'une délicieuse petite grande dame de la fin du XVIII<sup>e</sup> siècle. Philosophe quelquefois, sentimentale et spirituelle toujours, elle se fait suivre, d'amours en amours, à travers les années tumultueuses et charmantes de la Révolution et de l'Empire, qu'elle vécut fort gaillardement. Elle doit être aujourd'hui très âgée, la marquise... Non, elle est toujours jeune, d'une jeunesse très* gaie et très française, car elle a eu, entre autres bonnes fortunes, celle d'entrer dans le monde sur la présentation de deux

parrains, Abel Hermant, l'écrivain, et Louis Morin, le dessinateur, qui sont bien des hommes du XIXe siècle, voire du XXe, et qui ont fait passer en elle, généreusement, toute la séduction de leur verve mordante et de leur espiègle sensualité.

## ALFRED CAPUS

# Qui perd gagne

ILLUSTRATIONS DE RENÉ LELONG

Un volume grand in-16 jésus, 3 fr. 50

---

Qui perd gagne est un roman gai; c'est peut-être le seul ouvrage parmi les romans contemporains où éclate avec autant de brio et de fantaisie le véritable esprit français. Alfred Capus a donné libre cours dans Qui perd gagne à sa verve caustique et à sa féconde et amusante invention.

Il n'a pas écrit jusqu'à présent un livre où s'affirme de façon plus éclatante la philosophie douce et souriante de son grand talent, et c'est un livre qui s'impose comme s'impose un chef-d'œuvre.

René Lelong, dont les belles illustrations de la Maison Tellier de Guy de Maupassant ont conquis tout de suite les suffrages des amateurs et des artistes, s'est chargé d'illustrer Qui perd gagne. Ainsi présenté, le roman d'Alfred Capus sera bientôt dans toutes les bibliothèques.

**ŒUVRES COMPLÈTES ILLUSTRÉES**

DE

## GUY DE MAUPASSANT

# La Maison Tellier

Du jour au lendemain, la Maison Tellier rendit le nom de Guy de Maupassant célèbre. Il y a ainsi, dans la carrière de tous les grands écrivains, un chef-d'œuvre qui les révèle tout à coup

et dont le titre finit par s'associer indissolublement à leur nom.

Sans doute la Maison Tellier n'est pas un livre pour les jeunes filles, et le sujet en est scabreux; mais c'est une étude poignante et profondément humaine, écrite par un homme qui possédait à l'égal des plus grands toute la finesse et toute la fermeté du beau langage français.

La librairie Ollendorff a voulu faire de la Maison Tellier une édition vraiment digne du maître.

Les 80 dessins de René Lelong, dont nous donnons ici deux reproductions, sont pour les amateurs une révélation.

A côté des romans d'un jour, il y a les livres auxquels on s'attache et qu'on aime. Quand on n'a pas lu la Maison Tellier, il faut la lire, on veut la relire quand on l'a lue, et chacun, séduit par le luxe, le bon goût et le bon marché de l'édition nouvelle, voudra posséder cette Maison Tellier illustrée qui est tout ensemble un chef-d'œuvre littéraire et un chef-d'œuvre artistique.

**ŒUVRES COMPLÈTES ILLUSTRÉES**

DE

GUY DE MAUPASSANT

---

# Bel-Ami

Illustrations de FERDINAND BAC

Un volume
grand in-16 jésus, 3 fr. 50.

Bel-Ami est un livre célèbre. Cette vivante figure d'homme sans scrupules est devenue classique, si l'on peut ainsi parler, et le talent du maître écrivain a donné à ce genre spécial d' « arrivistes » le nom qui leur restera. Bel-Ami est, en même temps, le roman de toute une fraction de la société parisienne, de la fraction la plus brillante et la plus bruyante; hommes et femmes, dans ce livre, semblent des heureux de la terre ; mais comme MAUPASSANT nous montre, sous leur sourire imposé, la grimace de l'inquiétude, l'angoisse de voir s'écrouler la façade derrière laquelle ils dissimulent la misère de leur existence de luttes et de mensonges !

Ferdinand Bac a dessiné pour ce livre d'exquises illustrations, d'un esprit parisien délicieux, attrayantes et inquiétantes comme le roman même.

Voilà fixées certaines figures qui marquent une époque, et qui resteront de la nôtre comme un inappréciable document.

www.ingramcontent.com/pod-product-compliance
Lightning Source LLC
Chambersburg PA
CBHW070900170426
43202CB00012B/2135